Doris Kern

Freche Früchtchen

Selbstgemachtes zum Riechen, Schmecken, Dekorieren

VERLAG ANTON PUSTET

Doris Kern

Freche Früchtchen

Selbstgemachtes
zum Riechen, Schmecken, Dekorieren

VERLAG ANTON PUSTET

Doris Kern
Freche
Früchtchen
Selbstgemachtes
zum Riechen, Schmecken,
Dekorieren
VERLAG ANTON PUSTET

Für Emma & Erich

Impressum

Bibliografische Information der Deutschen Nationalbibliothek
Die Deutsche Nationalbibliothek verzeichnet diese Publikation in der Deutschen Nationalbibliografie; detaillierte bibliografische Daten sind im Internet über http://dnb.d-nb.de abrufbar.

Grafik, Satz und Produktion: Tanja Kühnel
Lektorat: Beatrix Binder
Druck: GRASPO CZ a.s.
Gedruckt in der EU

ISBN 978-3-7025-1053-4

www.pustet.at

Inhalt

Vorwort

Ob rund oder länglich, glatt oder pelzig, manche ziehen ihre Aufmerksamkeit durch strahlend leuchtende Farben auf sich, andere lieben es eher zurückhaltender – die Vielfalt der Früchte lässt uns staunen. Und so versüßen sie uns das Leben auf ganz besondere Weise. Frisch vom Baum oder Strauch gepflückt, schmecken sie am besten und erinnern oft an unbeschwerte Kindheitstage, als man in Omas Garten Beeren oder andere Früchte naschen durfte. Sie erzählen mit ihrer Süße von den warmen Sommertagen und lassen uns schon mal das Wasser im Mund zusammenlaufen. Wir dürfen ruhig öfters zu diesen frischen Köstlichkeiten greifen, da sie zahlreiche Mineralstoffe, Vitamine und andere Antioxidantien enthalten. Sie nähren uns von innen, sind ein wahrer Jungbrunnen für unsere Zellen und ein Leckerbissen für unsere Haut.

Aber was ist jetzt eigentlich Obst, und was sind Früchte? Unter Obst versteht man einen Sammelbegriff, der jene wasserhaltigen Früchte bezeichnet, die für den Menschen roh genießbar sind und von Bäumen, Sträuchern oder mehrjährigen Stauden stammen. Als Frucht bezeichnet man jene Teile, die aus einer Blüte hervorgehen. So sind Paprika, Tomaten, Zucchini oder beispielsweise Kürbisse auch Früchte, werden aber als Fruchtgemüse bezeichnet, da ihnen die Süße fehlt und sie einjährig sind. Umgangssprachlich sind Früchte und Obst das Gleiche.

Man kann Obst unterteilen in Kernobst, Steinobst, Beerenobst oder Südfrüchte.

- **Kernobst:** zum Beispiel Apfel, Birne, Quitte, Mispel, Speierling
- **Steinobst:** Marillen, Mirabellen, Pflaumen, Zwetschken, Kirschen, Pfirsiche etc.
- **Beerenobst:** Brombeeren, Erdbeeren, Heidelbeeren, Himbeeren, Holunder, Preiselbeere, Ribisel/Johannisbeere, Stachelbeere, Weinbeere etc.
- **Zitrusfrüchte und Exoten:** beispielsweise Ananas, Banane, Datteln, Feige, Granatapfel, Kaki, Kiwi, Mango, Papaya

Früchte symbolisieren häufig Fruchtbarkeit und stehen für Fülle und Wohlstand. Der Apfel ist beispielsweise ein Sinnbild für die Liebe und Schönheit, gleichzeitig symbolisiert er auch die Versuchung und die Sünde. Erdbeeren wurden in der vorchristlichen Zeit den

Liebesgöttinnen geweiht. Im Christentum waren sie durch ihre niedrige Wuchshöhe ein Zeichen von Demut und Bescheidenheit. Wegen ihrer Süße standen sie aber auch für die Sünde und die Verdammnis.

Schon seit jeher sahen die Menschen in den Früchten mehr als nur eine süße Mahlzeit. Auch im Feng Shui werden Früchte verwendet, um die Raumenergie zu steigern. So wird das „Qi", die Energie des entsprechenden Raumes, mit den symbolischen Eigenschaften der Frucht aufgeladen. Orangen stehen dabei für Glück und gutes Gelingen!

Der Reichtum an Früchten in Gärten hat auch schon so manche Künstlerinnen und Künstler inspiriert. So entstanden in den letzten Jahrhunderten einige Darstellungen mit prächtigen Körben voller saftiger und praller Früchte. Bei Vincent van Gogh sind einige Bilder

mit Äpfeln und anderen Früchten zu finden. Aber auch Edouard Manet, Jacob van Es oder die italienische Malerin Fede Galizia waren inspiriert von der natürlichen Schönheit.

Wir dürfen heutzutage von der Vielfalt der angebotenen Früchte profitieren. Am besten schmecken sie natürlich saisonal und regional. Eine Erdbeere im Winter, importiert aus Marokko oder Isreal, kann einer frisch geernteten Frucht aus heimischen Gärten oder Feldern selten das Wasser reichen. Und so hat die jeweilige Saison auch ihren Charme, da die Objekte der Begierde nur kurz verfügbar sind. Man freut sich deshalb besonders auf den feinen Genuss. Früchte wie Äpfel aus heimischem Anbau können aber auch lange gelagert werden, und so findet man in den Supermarktregalen fast ganzjährig heimisches Obst.

Von weit her kommen Ananas, Bananen und Co. – die fruchtigen Exoten sind nicht mehr wegzudenken aus unserem Alltag. Ein

Symbol des Wohlstandes unserer Zeit. Es schadet manchmal nicht, zu hinterfragen, woher sie kommen. Wichtig ist, sie bewusst zu genießen und so viel wie möglich von der weit angereisten Frucht zu verwenden.

So vielfältig wie ihre Formen und Farben, sind auch die Möglichkeiten, Früchte zu verwenden. Ob als erfrischender oder süßer Genuss, als heilsame Kraft für den Körper, wohltuende Pflege für die Haut oder als einzigartige Dekoration fürs eigene Heim.

Ich lade Dich herzlich ein, gemeinsam mit mir diese Vielfalt zu entdecken und wünsche Dir viel Freude mit den Rezepten und Ideen.

Alles Liebe, Deine

Doris Kern

Saisonkalender

	Jän.	Feb.	März	April	Mai
Äpfel *(Malus domestica)*	○	○	○	○	○
Birnen *(Pyrus communis)*	○				
Brombeeren *(Rubus sect. Rubus)*					
Erdbeeren *(Fragaria)*					●
Hagebutten *(Rosa canina)*					
Heidelbeeren *(Vaccinium myrtillus)*					
Himbeeren *(Rubus idaeus)*					
Kirschen *(Prunus avium, P. cerasus)*					
Marillen/Aprikosen *(Prunus armeniaca)*					
Ribisl/Johannisbeeren *(Ribes)*					
Weintrauben *(Vitis vinifera)*					
Zwetschken *(Prunus domestica)*					

So viele verschiedene Sorten an Früchten gibt es mittlerweile, dass wir sie von Frühsommer bis Spätherbst naschen können. Es gibt solche, die früher reif werden und jene, die uns erst im Herbst ihre Süße schenken. Äpfel können besonders gut gelagert werden – so erhält man ganzjährig heimisches

Legende: ○ Lagerware ● Freilandware

Juni	Juli	Aug.	Sept.	Okt.	Nov.	Dez.
○	●	●	●	●	○	○
	●	●	●	●	○	○
		●	●	●		
●	●					
			●	●	●	●
●	●	●	●			
●	●	●	●			
●	●	●				
	●	●				
●	●	●				
			●	●		
		●	●			

Obst. Viele der Früchte sind jederzeit im Supermarkt erhältlich – oft werden sie aus wärmeren Ländern importiert. Im Sammelkalender werden nur einheimische Früchte und ihre Erntezeiten vorgestellt. Je nach Gebiet und Sorte können diese etwas unterschiedlich sein.

Apfel

Der Apfel zählt in unseren Breitengraden wohl zu den bekanntesten Früchten. Wie herrlich erfrischend ist es doch, in seine saftigen roten Bäckchen zu beißen! Dass diese Frucht auch noch gesund ist, verrät der bekannte Spruch „an apple a day keeps the doctor away". Man könnte fast sagen, so ein Apfel ist wie eine kleine Hausapotheke, so vielseitig kann er angewendet werden.

Es gibt weltweit tausende verschiedene Sorten, und durch die breite Geschmacksvielfalt – von süß, säuerlich bis herb – ist für jeden etwas dabei. Alte Sorten wie Gravensteiner, Berlepsch oder Roter Boskoop sind zu bevorzugen, da sie in der Regel besser verträglich sind als Neuzüchtungen wie Golden Delicious, Gala oder Jonagold. Wirtschaftlich angebaut werden nur noch etwa 60 Sorten. In früheren Zeiten gab es eine viel größere Diversität, so

belegen Aufzeichnungen, dass es etwa 1880 um die 2300 Apfelsorten allein in Preußen gab.
Um die Früchte süßer zu machen, wurden bei den neueren Sorten die Polyphenole, die zu den sekundären Pflanzenstoffen zählen, stark reduziert. Leider steigt durch diesen Eingriff das Allergierisiko, und viele Menschen vertragen die neuen Sorten nicht mehr. Polyphenole verhindern, dass allergieauslösende Eiweißstoffe vom Körper aufgenommen werden. Es wurde sogar beobachtet, dass der regelmäßige Verzehr alter Sorten Allergiker resistenter gegen Allergien macht. Da die Apfelallergie häufig mit Heuschnupfen einhergeht, wird auch dieser gemildert. Dies liegt daran, dass die in der Frucht enthaltenen Allergene denjenigen der Birkenpollen sehr ähneln. Wird der Apfel gekocht, zerfallen die allergenen Stoffe, und er kann problemlos verzehrt werden.

Äpfel sind fast das ganze Jahr über aus der Region zu beziehen. Möglich machen das ihre unterschiedlichen Erntezeitpunkte und ihre gute Lagerfähigkeit. Dabei reifen sie während der Lagerung noch nach und erzeugen dabei das Reifungsgas Ethylen. Daher sollten sie nicht zusammen mit anderen Obst- und Gemüsesorten aufbewahrt werden, da diese sonst schneller verderben. Äpfel mögen es kühl und luftig, so halten sie sich sehr gut bei Temperaturen von zwei bis sieben Grad. Luftige Keller sind dafür optimal geeignet.

Apfelbäume haben schon lange Zeit eine große Bedeutung, so werden sie bereits seit der Antike kultiviert und veredelt. Die Menschen verbinden mit der runden, sinnlichen Frucht die weibliche Kraft und Fruchtbarkeit. Viele Bedeutungen wurden dem Apfel im Laufe der Zeit zugeschrieben: So war er in der griechischen Mythologie ein Sinnbild für Liebe und Schönheit. Die Bibel gab ihm den Stempel der Versuchung und der Sünde. Andererseits war er das Symbol für die herrschaftliche Macht: Der Reichsapfel des Kaisers galt als Zeichen für Vollkommenheit und Einheit. Auch in China wird der Apfel als ein Symbol für Frieden und Eintracht gesehen, aber auch mit der weiblichen Schönheit in Verbindung gebracht.

Kleine Wunderpakete mit wertvollen Inhaltsstoffen

Wer einen eigenen Apfelbaum hat, kann sich glücklich schätzen: Äpfel enthalten viele Inhaltsstoffe, die unserer Gesundheit besonders zuträglich sind. Der hohe Anteil an Pektinen stärkt unseren Darm und kann sowohl bei Durchfall als auch bei Verstopfungen helfen.

Äpfel wirken beruhigend, daher werden sie gerne auch abends gegessen oder als Tee zubereitet, damit man besser einschläft. Etwa zwei Stunden vor dem Zubettgehen sollte man die köstliche Frucht zu sich nehmen, so hilft sie besser durchzuschlafen.

Äpfel können noch mehr, so helfen sie, die Harnsäure bei Gicht auszuscheiden, fördern die Eisenaufnahme und stärken unseren gesamten Körper. Sie sind reich an Vitamin A, B, C und E sowie an Fruchtsäuren, Spurenelementen, Mineralien, Flavonoiden und Gerbstoffen. Das Loblied auf den Apfel und die daraus gewonnenen Produkte wie beispielsweise Apfelessig lässt sich noch beliebig erweitern!

Man benötigt:

- Apfel mit Schale
- Reibe

Geriebener Apfel

Hausmittel bei Durchfall

Äpfel sind reich an Pektinen, welche die Verdauung generell positiv unterstützen. Sie quellen im Darm auf und binden so überschüssige Flüssigkeit. Dabei wirkt geriebener Apfel besonders gut, da auf diese Weise die Oberfläche der Apfelstücke größer wird und die Pektine die Flüssigkeit besser binden können.

So wird's gemacht

Apfel samt Schale fein reiben und einige Minuten stehen lassen, bis die Masse braun anläuft.

Geriebenen Apfel langsam essen.

Achtung: Unterhalb der Schale befinden sich besonders viele Pektine, deshalb sollte man die Frucht nicht schälen.

Haltbarkeit: sofort verbrauchen

So wird's gemacht:
Das Glas mit heißem Wasser auskochen, anschließend die Äpfel in Stücke schneiden und etwa bis zur Hälfte einfüllen. Mit dem Wasser vollständig aufgießen. Das Tuch über die Öffnung legen und mit dem Gummiband fixieren, danach 5 bis 6 Tage an einem warmen, aber nicht sonnigen Ort ziehen lassen. Jeden Tag etwa zwei- bis dreimal den Ansatz umrühren. Mit der Zeit bilden sich kleine Bläschen und das Wasser fängt an trüb zu werden. Nach etwa 6 Tagen die Äpfel abseihen und die Flüssigkeit in ein sterilisiertes Glas umfüllen. Mit einem sauberen Tuch abdecken und 6 bis 7 Wochen an einem warmen, aber nicht sonnigen Ort ruhen lassen. Die Flüssigkeit braucht nun nicht mehr umgerührt werden. Von Zeit zu Zeit das Tuch austauschen. In dieser Zeit bildet sich häufig eine Essigmutter, die für weitere Ansätze verwendet werden kann. Daher die gallertartige Masse nicht wegwerfen, sondern in etwas Essig lagern. Dabei das Glas wieder nur mit einem Tuch abdecken. Sollte die Essigmutter nicht sofort verwendet werden, füttert man sie etwa einmal im Monat mit einem Teelöffel Zucker. Nach der Ziehzeit riecht der Essig schon sauer und kann in Flaschen abgefüllt werden.
Haltbarkeit: kühl und dunkel gelagert etwa 2 Jahre

Apfelessig

Ein saures Vergnügen

Apfelessig ist nicht nur lecker in der Salatmarinade, der saure Saft kann noch viel mehr: Als Basis für viele Hausmittel wirkt er antibakteriell, entzündungshemmend, wundheilend, fördert eine gesunde Darmflora und stärkt das Immunsystem. Vermischt mit Wasser ist Apfelessig eine hervorragende Spülung für die Haare oder klärt die Poren im Gesicht. Ein Schuss ins Fußbad mildert Fußpilz und sorgt für angenehmen Geruch bei Schweißfüßen.

Man benötigt:

- frische Äpfel und/oder Apfelreste (Schalen und Kerngehäuse)
- Wasser
- Tuch zum Abdecken
- Gummiband zum Fixieren
- Holzlöffel
- großes, weithalsiges Glas

Man benötigt:

- 2 kg Äpfel
- 500 ml Cidre oder Apfelsaft
- 150 g brauner Zucker
- Saft und Zesten einer halben Bio-Zitrone
- 1 Prise Salz
- 1 TL Zimt
- Mark einer Vanilleschote
- 1/2 TL Nelkenpulver

Apfelbutter

Ein cremiger Genuss

Besonders in Jahren mit reicher Apfelernte lohnt es sich, die cremige Apfelbutter auszuprobieren. Dabei handelt es sich um keine richtige Butter, es wird auch keine verwendet. Aber die eingekochten Äpfel werden so herrlich cremig, dass man den Aufstrich auch Apfelbutter nennt.
Für die Herstellung sollte man viel Zeit und größere Mengen Äpfel mitbringen. Es ist eine sehr gute Möglichkeit, um Fallobst zu verwenden. Der cremige Fruchtaufstrich ist mit stark eingekochtem Mus oder Marmelade zu vergleichen, ähnlich wie Powidl, der aus Zwetschken hergestellt wird.

So wird's gemacht:
Äpfel schälen und in Stücke schneiden, zusammen mit dem Cidre in einen Topf geben und bei mittlerer Temperatur etwa 30 bis 45 Minuten weichkochen. Äpfel pürieren, Zucker, Zitronensaft und -zesten sowie die Gewürze untermischen. Bei niedriger Temperatur einkochen lassen, dabei alle 20 bis 30 Minuten umrühren, damit nichts anbrennt.
Damit die Butter intensiv im Geschmack wird, lässt man sie etwa 5 bis 6 Stunden einkochen. Zum Schluss ständig rühren, wenn das Mus schon sehr dick ist und Gefahr läuft anzubrennen. In sterilisierte Gläser abfüllen.
Haltbarkeit: kühl und dunkel gelagert etwa 4 bis 6 Monate

Apfeldruck

Für hinreißende Taschen

Äpfel eignen sich hervorragend für das Anfertigen von kleinen Kunstwerken. Eine Möglichkeit ist das Bedrucken von Stoffen, wie zum Beispiel von Einkaufstaschen. Aber auch hübsches Geschenkpapier lässt sich damit herstellen.

So wird's gemacht:
Damit die Farbe nicht durchdrückt, etwas Zeitungspapier in die Stofftasche legen.
Den Apfel in der Mitte teilen, mit etwas Farbe bestreichen und vorsichtig auf den Stoff drücken. Den Vorgang so oft wiederholen, bis das Werk gefällt.
Farbe vollständig trocknen lassen.
Anschließend die Stofftasche umdrehen, sodass der Farbdruck innen liegt. Nun die Farbe mit dem Bügeleisen ohne Dampf fixieren.

Man benötigt:
Apfel
Stofffarbe
unbedruckte Stofftaschen
Pinsel
Bügeleisen
Zeitungspapier

Man benötigt:

- 1 Apfel
- 150 g Mandel- oder Aprikosenkernöl
- 20 ml Quellwasser
- 1 Handvoll frische oder 1/2 Handvoll getrocknete Rosenblüten
- eventuell 1 kleine oder 1 halbe Vanilleschote
- Alkohol zum Desinfizieren

Apfelöl

Frischekick für die Haut

Äpfel stehen für Liebe und Fruchtbarkeit. Sie werden auch gerne den alten Göttinnen zugeteilt, wie beispielsweise der griechischen Liebesgöttin Aphrodite oder Idun, der germanischen Göttin für Jugend und Unsterblichkeit. So ist es nicht verwunderlich, dass die Frucht auch gern gesehene Zutat von selbstgemachter Kosmetik ist. Denn die enthaltenen Flavonoide und Carotinoide mit ihrer antioxidativen Wirkung helfen der Haut, sich zu schützen und zu regenerieren. Der Apfel erfrischt sie und sorgt für eine gute Spannkraft.

So wird's gemacht:
Alle Arbeitsgeräte mit Alkohol desinfizieren. Anschließend den Apfel samt Schale fein reiben. Rosenblüten zerkleinern, Vanilleschote aufschlitzen und Mark auskratzen.
Apfel, Rosenblüten, Vanillemark, Öl und Wasser in einen Topf geben.
Alles erhitzen, sodass das Wasser verdampfen kann und die Inhaltsstoffe der Zutaten gut gelöst werden. Das Wasser schützt die Zutaten, sodass sie nicht frittiert werden. Etwa 5 Minuten köcheln lassen, anschließend die Temperatur zurücknehmen und noch 20 Minuten ziehen lassen. Anschließend durch einen Kaffeefilter abseihen und in Flaschen füllen oder gleich weiterverwenden.
Haltbarkeit: kühl und dunkel gelagert etwa 6 Monate

So wird's gemacht:
Arbeitsgeräte mit Alkohol desinfizieren. Anschließend Öl und Bienenwachs abwiegen und in einem Glas im Wasserbad erwärmen. Ist das Wachs geschmolzen, vom Herd nehmen und das ätherische Öl eintropfen. Sofort in die Lippenstifthülsen abfüllen und auskühlen lassen.
Haltbarkeit: etwa 6 Monate

Apfel-Lippenbalsam

Für süße Küsse

Der Balsam ist ganz einfach herzustellen und pflegt die zarte Haut an den Lippen wunderbar. Wer ins Öl noch Vanille hinzufügt, profitiert zusätzlich von dem feinen Geschmack. Ansonsten können noch 2 bis 3 Tropfen ätherisches Öl nach Wunsch hinzugefügt werden.

Man benötigt:
(für etwa 4 Lippenstift-Hülsen)

- 17,5 g Apfelöl (siehe S. 32 f.)
- 3,5 g Bienenwachs
- 2–3 Tropfen ätherisches Öl nach Wunsch
- Alkohol zum Desinfizieren
- 4 Lippenstifthülsen

Man benötigt:

- 50 g Apfelöl (siehe S. 32 f.)
- 25 g Sheabutter
- 35 g Kakaobutter
- 15 g Bienenwachs
- Prise Zimt
- 20 Tropfen Propolis-Tinktur
- Alkohol zum Desinfizieren
- Silikonformen

Apfel-Zimt-Handcreme

Perfekter Handschmeichler

Trockene Hände pflegt die reichhaltige Apfelhandcreme nachhaltig. Das Apfelöl spendet die nötige Feuchtigkeit und sorgt gemeinsam mit der Sheabutter für streichelzarte Haut. Außerdem duftet sie fein nach Zimt und ist so auch ein kleiner Seelenschmeichler. Aufbewahrt wird sie in einem Schälchen oder in einer kleinen Dose. Sie kann auch als Pflege für den Körper verwendet werden.

So wird's gemacht:
Alle Arbeitsgeräte und -tiegel mit Alkohol desinfizieren. Apfelöl, Sheabutter und Bienenwachs in ein feuerfestes Glas abwiegen und im Wasserbad schmelzen lassen. Temperatur zurückdrehen und die Kakaobutter dazugeben.
Vom Ofen nehmen, leicht überkühlen lassen und das Zimt und die Propolis-Tinktur einrühren. In die Silikonformen einfüllen und im Kühlschrank aushärten lassen.
Haltbarkeit: etwa 6 Monate

So wird's gemacht:
Etwa 3 Zentimeter des Kerngehäuses mit dem Apfelentkerner oder einem Messer entfernen. Apfel unten anschneiden, damit eine ebene Fläche zum Hinstellen entsteht . Die Kerze in das entstandene Loch platzieren und gegebenenfalls mit einigen Tropfen Wachs fixieren. Um die Kerze ein paar Blüten dekorieren.

Für den Tisch

Für die dekorativen Apfelvasen kann man ruhig angeschlagenes Obst verwenden. Sie halten nicht so lange, sehen aber auf dem Tisch ganz zauberhaft aus. Mit Kerzen und kleinen Blüten bestückt, sorgen sie für ein herbstliches Ambiente.

Man benötigt:
- Äpfel
- Apfelentkerner, Messer
- Christbaumkerzen
- Blüten

Man benötigt:

- Apfel
- Leinentuch oder Stoffwindel

Apfelwickel

Schnell wieder gesund

Der feine Duft beim Braten eines Apfels erinnert mehr an die magische Weihnachtszeit als an ein Hausmittel. Er sorgt für Wohlbefinden, und die entzündungshemmenden Enzyme, die aus der Schale und dem Fruchtfleisch freigesetzt werden, beruhigen eine gereizte Schleimhaut und können Schmerzen im Halsbereich sanft mildern.

So wird's gemacht:
Apfel samt Schale bei 180 Grad Ober- und Unterhitze im Ofen für 20 Minuten backen, bis er weich wird. Anschließend überkühlen lassen, bis er lauwarm ist. Zerdrücken und auf ein Leinentuch aufstreichen. Um den Hals legen und etwa 20 Minuten wirken lassen.

So wird's gemacht:
Äpfel in kleine Stücke schneiden und in einen Topf geben. Schalen und Saft der Zitronen hinzufügen und mit dem Wasser aufgießen. So lange kochen, bis die Apfelstücke weich sind. Über Nacht im Kühlschrank stehen lassen und am nächsten Tag abseihen. Die Apfelstücke können püriert und zu Mus weiterverarbeitet werden. Gewürze in einen Teebeutel oder ein Gewürzei geben. Den Saft mit den Gewürzen und dem Schuss Amaretto zum Köcheln bringen. Zurückdrehen, etwa 15 Minuten ziehen lassen, anschließend die Gewürze entfernen. Zucker hinzufügen und nochmals aufkochen lassen. Anschließend in sterilisierte Flaschen füllen. Tipp: auch Apfelschalen lassen sich hervorragend für den Sirup verwenden.
Haltbarkeit: etwa 6 bis 8 Monate

Gewürz-Apfelsirup

Seelenfutter in der dunklen Zeit

Weihnachtliche Gewürze und Äpfel passen hervorragend zusammen, gerade wenn die Tage kürzer werden und man es sich zu Hause gemütlich macht. Die Gewürze wärmen von innen und sorgen für Wohlbefinden.

Man benötigt:

- 1 kg Äpfel
- 2 Bio-Zitronen
- 2–3 zerkleinerte Zimtstangen
- 4–5 Nelken
- 1 Vanilleschote
- 1,5 l Wasser
- 500 g Zucker
- Schuss Amaretto

Man benötigt:
- Apfelschalen

Apfelschalentee

Kostbarer „Abfall“

Apfelschalen sind viel zu kostbar, um sie wegzuwerfen – am besten isst man sie immer mit. Aber bei manchen Zubereitungen muss man die Äpfel schälen. Ein Tee aus Apfelschalen hilft, die Nerven zu stärken und wirkt ausgleichend bei Stress und Erschöpfung. Er beruhigt und sorgt hervorragend für einen guten Schlaf. Weiters regt er Blase und Nieren an und wirkt auch fiebersenkend. Er schmeckt hervorragend und ist somit auch gern gesehene Zutat in vielen Teemischungen.

So wird's gemacht:
Apfelschalen in kleine Stücke schneiden und an einem warmen Ort mehrere Tage lang durchtrocknen lassen. In Gläser oder Papiertüten aufbewahren. Für eine Tasse Tee nimmt man etwa 2 TL der Apfelschalen, übergießt sie mit kochendem Wasser und lässt sie etwa 15 bis 20 Minuten ziehen. Anschließend abseihen und schluckweise trinken.
Haltbarkeit: etwa 1 Jahr

Birne

Die Birne zählt zu den Rosengewächsen *(Rosaceae)* und erfreut sich durch ihre feine Süße großer Beliebtheit. Grob kann man zwischen Sommer-, Herbst- und Winterbirnen, aber auch zwischen Tafel-, Most- und Kochbirnen unterscheiden.

Ein Birnbaum kann eine stattliche Höhe von bis zu 20 Meter erreichen und zwischen 100 und 150 Jahre alt werden. Im Frühling bezaubert er durch seine schneeweißen Blüten. Wilde Birnbäume können sogar dornige Äste aufweisen. Am liebsten mag der Birnbaum warme und sonnige Plätze. Staunässe verträgt er nicht.

Birnen schmecken roh süßer als Äpfel, da sie weniger Säure enthalten. Je nach Sorte können sie eine grüne, gelbe oder sogar rote Schale aufweisen. Das Fruchtfleisch kann bei manchen Birnen Steinzellen enthalten, die ein körniges Mundgefühl erzeugen. Getrocknet sind die Früchte als Kletzen oder Dörrobst bekannt und im Winter als Zutat des Kletzen- oder Früchtebrots nicht wegzudenken.

Im volkstümlichen „Aberglauben" erzählt man sich, dass in Birnbäumen Hexen und Dämonen wohnen. Für die Germanen war der Birnbaum heilig und Sitz der Götter. Auch die Griechen verehrten ihn und weihten ihn der Göttin Hera. So wird er auch als Symbol für Liebe, Fruchtbarkeit und Wachstum gesehen. Ein reichlich tragender Birnbaum soll darauf hinweisen, dass im nächsten Jahr viele Mädchen zur Welt kommen werden.

Reife Birnen sind nicht sehr lange haltbar und bekommen schnell Dellen, da sie sehr druckempfindlich sind. Unreife Birnen können gut im kühlen Keller bei hoher Luftfeuchtigkeit gelagert werden.

So tut uns die Birne gut
Birnen enthalten viele Vitamine, wie das Provitamin A sowie die Vitamine B1, B2 und C. Auch Folsäure sowie Kalium, Kalzium und Eisen sind in den Früchten zu finden. Durch ihren niedrigen Säuregehalt sind sie für viele Menschen sehr bekömmlich. Kocht man sie, gelten sie als ideale Schonkost. Außerdem enthalten sie viele Ballaststoffe, welche die Verdauung fördern und gut sättigen.

Der hohe Kaliumgehalt sorgt dafür. dass die Birne entwässernd wirkt und gerne bei Blasenproblemen verzehrt wird. Die Schale sollte gut gewaschen und mitgegessen werden, da sich darunter viele der wichtigen Inhaltsstoffe befinden.

Man benötigt:

- 200 g Birnen
- 400 g Korn (Schnaps)
- 50 g Zucker
- 10 Mandeln
- 4 Gewürznelken
- 1 Vanilleschote
- Prise Muskat

Birnenlikör

Edel und geistreich

Gebrannter Schnaps aus Birnen ist sehr bekannt. Aus der Sorte „Williams Christ“ entsteht der gleichnamige Schnaps, der zu den beliebtesten Edelbränden zählt. Aus Birnen kann man aber auch einen vorzüglichen Likör ansetzen. Mit Gewürzen verwandeln sich die Früchte in einen harmonischen Ansatz.

So wird's gemacht:
Birnen schälen, Kerngehäuse entfernen und in Stücke schneiden, in ein weithalsiges Glas schichten. Vanilleschote aufschneiden, Mark auskratzen und beides zu den Birnen geben.
Mandeln leicht zerkleinern und mit Nelken, Muskat und Zucker hinzufügen. Zum Schluss mit dem Korn aufgießen. Für etwa 4 Wochen an einem sonnigen Ort ziehen lassen. Anschließend abseihen und in Flaschen füllen.
Haltbarkeit: mehrere Jahre

So wird's gemacht:
Birnen samt Schale vierteln und entkernen. In einen Topf geben und mit etwas Wasser weichkochen. Abseihen und fein pürieren. Gewürze und Honig unterrühren und gut vermischen. Nochmals aufkochen und sofort in Gläser füllen. Im Kühlschrank lagern. Der Bärwurz-Birnhonig wird kurmäßig zwei bis vier Wochen täglich eingenommen. Am besten morgens auf nüchternen Magen einen Teelöffel. Mittags nach dem Essen 2 Teelöffel und abends vor dem Schlafengehen 3 Teelöffel.
Haltbarkeit: im Kühlschrank etwa 2 Wochen

Bärwurz-Birnhonig

Für inneren Glanz

Die Äbtissin Hildegard von Bingen (1098–1179) hat uns einen reichhaltigen Schatz an Kräuterinformationen und Rezepten hinterlassen. Über den Bärwurz-Birnhonig schreibt sie: *„Dies edle Mus ist wertvoller als das reinste Gold. Es nährt das Gute in Kopf und Bauch, bringt inneren Glanz, wie man einen schimmligen Topf wieder zum Glänzen bringt."* Man nimmt das Mus am besten kurmäßig ein, so entlastet es den Darm, hilft bei Müdigkeit und Trägheit und stärkt das Immunsystem. Auch bei Migräne soll der Bärwurz-Birnhonig gute Dienste leisten. Wer die Kräuter nicht zu Hause hat, für den gibt es mittlerweile fertige Bärwurz-Birnhonig-Gewürzmischungen zu kaufen.

Man benötigt:

- 35 g Bärwurzpulver
- 25 g Galgantpulver
- 15 g Süßholzwurzelpulver
- 15 g Mauerpfefferpulver
- 1,5 kg Birnen
- 200 g Honig

Man benötigt:

- 1 kg Birnen
- 70 g brauner Zucker
- 100 ml Wasser
- Saft und Schale einer Bio-Zitrone
- kleines Stück Ingwer
- 3 bis 5 Nelken

Birnenmus

Klassiker zum Einkochen

Wird man im Herbst mit einer reichhaltigen Birnenernte beschenkt, gilt es, die Früchte schnell zu verarbeiten. Sind sie schon vollreif, halten sie in der Regel nur wenige Tage. Eine gute Möglichkeit ist es, ein Birnenmus einzukochen.

So wird's gemacht:

Gläser sterilisieren und vorab bereitstellen.
Birnen schälen, vierteln, Kerngehäuse entfernen und in einen Topf geben.
Wasser, Zitronensaft, Zitronenabrieb, würfelig geschnittenen Ingwer und Nelken hinzufügen und so lange kochen, bis die Birnen weich sind. Anschließend die Nelken entfernen und alles fein pürieren. Zucker hinzufügen und nochmals aufkochen lassen. Noch heiß in Gläser füllen.
Für eine längere Haltbarkeit die Gläser im Einkochautomat für 30 bis 40 Minuten bei 90 °C einkochen.
Oder im vorgeheizten Backrohr bei 175 Grad. Dazu verwendet man ein tiefes Backblech oder eine tiefe Pfanne, die mit Wasser aufgefüllt wird. Gläser darauf stellen und etwa 60 Minuten einkochen. Sobald kleine Bläschen am Rand hochsteigen, das Backrohr ausschalten und die Gläser noch etwa 30 Minuten darin stehen lassen.
Haltbarkeit: dunkel und kühl gelagert etwa ein Jahr, angebrochene Gläser innerhalb weniger Tage verbrauchen und im Kühlschrank lagern.

Brombeere

Wie eine Aneinanderreihung kleiner schwarzer Perlen wirken vollreife Brombeeren. Dabei sind es botanisch gesehen keine Beeren, sondern sogenannte Sammelsteinfrüchte. Jede dieser Perlen trägt im Inneren einen kleinen Kern, und zusammen wachsen sie auf einem zapfenförmigen Fruchtboden.

Von etwa August bis in den Oktober hinein reifen die Früchte und schmecken am besten, wenn sie direkt vom Strauch gepflückt und vernascht werden. Dabei gibt es allein in Europa mehr als 2000 verschiedene Arten. Die wilden Brombeeren, die gerne an sonnigen Plätzen wachsen, haben einen intensiveren und aromatischeren Geschmack als ihre gezüchteten Verwandten im Garten. Sie können bis zu drei Meter lange Triebe haben und bilden gerne undurchdringbare Hecken.

Der richtige Erntezeitpunkt ist erreicht, wenn sich die Früchte ganz leicht vom Strauch lösen lassen. Sie verderben

aber schnell und sollten, im Kühlschrank gelagert, nach etwa ein bis zwei Tagen verbraucht werden. Man kann sie vielfältig verarbeiten, auch zum Einfrieren eignen sie sich gut.
Zur Brombeere gibt es viele Geschichten und Mythen. So heißt es im deutschen Volksglauben, dass ein Brombeerstrauch das Nachtlager der Hexen des Waldes sei. In England wurden einst Kinder durch einen Brombeerbogen geschoben, das sollte sie von Krankheiten befreien. In den griechischen Sagen war der Saft der Brombeere ein Sinnbild für das vergossene Blut der Titanen, welches beim erbitterten Kampf gegen Zeus floss.

Das steckt drin

Brombeeren schmecken nicht nur lecker, sie sind auch vollgepackt mit vielen wertvollen Inhaltsstoffen. So liefern sie unter all den verschiedenen Beeren den höchsten Gehalt an Provitamin A, welches der Körper zu Vitamin A umwandelt. Dieses kräftigt unsere Augen und schützt die Schleimhäute. Sie

enthalten auch Vitamin C, das unsere Zellen schützt und das Immunsystem kräftigt. Vitamine der B-Gruppe und Vitamin E stärken den Organismus. Mineralien wie Kalzium, Kalium, Magnesium oder Eisen runden das Spektrum ab. Die dunkle Farbe erhält die Beere durch Anthocyane, welche die Körperzellen vor freien Radikalen schützen. Brombeersaft wird gerne von Sängern oder Rednern getrunken, da er die Stimme kräftigt und bei Heiserkeit hilft. Bei leichtem Fieber getrunken, wirkt er ein wenig schweißtreibend. Zudem stärken Brombeeren das Immunsystem und haben beruhigende Eigenschaften. Wer zu wenig Kupfer im Blut hat, dem helfen Brombeeren, dieses besser aufzunehmen.

Man benötigt:

- 300 g frische Brombeeren
- 400 g Gin
- 4 Sternanis
- 8 Nelken
- 2 Zimtstangen

Weihnachtsgin

So wird es festlich

Der fruchtige Geschmack der Beeren ergibt mit dem intensiven Aroma der weihnachtlichen Gewürze eine fantastische Kombination. Der Beeren-Gin kann pur, aber auch für Cocktails verwendet werden.

So wird's gemacht:
Alle Zutaten in ein weithalsiges Glas füllen. Etwa 2 Monate an einem gleichmäßig warmen Platz ausziehen lassen. Danach abseihen und in Flaschen füllen.
Haltbarkeit: mehrere Jahre

So wird's gemacht:
Marzipan in Stücke reißen und zusammen mit den Brombeeren pürieren. Das Mus mit Gelierzucker, Zitronensaft und dem Mark der Vanilleschote in einen Topf geben. Alles erhitzen, etwa 4 bis 5 Minuten köcheln lassen, Amaretto hinzufügen. Gelierprobe machen. In sterilisierte Gläser abfüllen.
Haltbarkeit: etwa ein halbes Jahr

Brombeermarmelade

Besonderer Mix mit Marzipan

Die meisten Früchte kann man sehr gut einkochen, so auch Brombeeren. Mit Marzipan und einem Schuss Amaretto oder dem Rum-Traube-Mix von S. 194 f. ergibt sich ein interessantes Aroma. So wird aus der klassischen Marmelade etwas ganz Besonderes.

Man benötigt:

- 500 g Brombeeren
- 50 g Marzipan
- 250 g Gelierzucker 2:1
- Saft einer Zitrone
- 1 Vanilleschote
- 30 g Amaretto oder Trauben-Rum-Likör (siehe S. 194f.)

Man benötigt:

- 200 g Brombeeren
- 100 g Zucker
- 220 g Apfel- oder Weinessig
- 3–4 Zimtblüten oder 1/2 Zimtstange
- 3 Nelken
- 2 Pimentkörner

Süßsaure Brombeeren

Für Genießer

Brombeeren schmecken nicht nur in der süßen Variante, auch in der Kombination mit Essig und Gewürzen machen sie etwas her. Die eingelegten Früchte munden köstlich zu Käse, aber auch zu Wildgerichten.

So wird's gemacht:
Essig, Zucker und Gewürze in einen Topf geben und kurz aufkochen lassen. Der Zucker sollte sich lösen, danach abschalten. Für etwa eine Stunde ziehen lassen. In der Zwischenzeit die verlesenen Brombeeren in sterilisierte Gläser füllen. Den Essig nochmals kurz aufkochen, abseihen und sofort in die Gläser füllen und verschließen.
Haltbarkeit: etwa 10 bis 12 Monate

So wird's gemacht:
Ein Moosstück auf den Strohrohling legen und mit dem Blumendraht befestigen. So lange weitermachen, bis der gesamte Kranz mit Moos bedeckt ist.
Anschließend die Brombeerranken mit den Früchten sowie die Blumen auflegen und auch wieder mit dem Blumendraht befestigen. Zum Schluss den Draht auf der Rückseite des Kranzes verzwirbeln und abschneiden.

Brombeerkranz

Wilde Dekoration

Wilde Brombeerranken mit halbreifen Früchten eignen sich sehr gut für eine herbstliche Dekoration: Einfach ein paar dieser Ranken in die Mitte des Tisches legen, kombiniert mit ein paar Blättern oder Blüten wie beispielsweise Dahlien. Sehr schön sehen die Brombeerfrüchte auch auf einem Kranz aus.

Man benötigt:

- Brombeerranken mit Früchten
- Blumen
- Moos
- Blumendraht
- Strohrohling
- Gartenschere

Erdbeeren

Der Beginn des Sommers ist auch der Auftakt zur Erdbeersaison. Sonnige Tage und fruchtige Beeren passen perfekt zusammen. So ist es wenig verwunderlich, dass Erdbeeren bei Groß und Klein sehr beliebt sind. In der EU sind weit über die Hälfte aller produzierten Beerenfrüchte Erdbeeren.

Neben der uns bekannten Gartenerdbeere lädt auch die aromatische Walderdbeere ein, sie zu genießen und zu verarbeiten. Aufzeichnungen belegen, dass sie bereits im Mittelalter großflächig angebaut wurde. Unsere heutige bekannte Gartenerdbeere wurde im 18. Jahrhundert in Holland aus einer Kreuzung der amerikanischen Scharlacherdbeere und der chilenischen Erdbeere gezüchtet. Aus botanischer Sicht zählen diese Beeren zu den Sammelfrüchten, beziehungsweise den Sammelnussfrüchten, und nicht zu den klassischen Beeren. Denn die Früchte sind die kleinen gelblichen Nüsschen, die an der roten Scheinfrucht wachsen.

Erdbeeren waren in der vorchristlichen Zeit den Liebesgöttinnen geweiht. Sie galten als Symbol der Sinnlichkeit, der Lust aufs Leben und waren ein Zeichen der Geschlechtsreife.

Erdbeeren können zur gleichen Zeit blühen und Früchte tragen – dies führte dazu, dass sie im Mittelalter als Sinnbild der jungfräulichen Mutterschaft galten: die weißen Blüten mit der Farbe der Unschuld, gepaart mit der roten Farbe der Früchte, die für die Liebe steht. So wurde der Erdbeere im Christentum eine mehrfache Bedeutung zugeordnet: Einerseits stand sie durch ihre niedrige Wuchshöhe für Demut und Bescheidenheit, durch ihre süßen Früchte aber auch für Sünde und Verdammnis.

Die Königin des Gartens kann vielfältig zubereitet werden. Frisch schmeckt sie besonders gut, aber auch verarbeitet zu Marmeladen, Gelee oder Kompott. Die Früchte lassen sich auch gut einfrieren, sollten aber auf einem Tablett einzeln vorgefroren werden, damit sie nicht zusammenkleben.
Am besten erntet man Erdbeeren möglichst reif. Haben sie noch grün-weiße Ränder, lässt man sie noch an der Staude zum Nachreifen. Leider lassen sich die köstlichen Früchte nicht besonders gut lagern. Ungewaschen halten sie im Gemüsefach etwa zwei bis drei Tage. Da Erdbeeren sehr druckempfindlich sind, transportiert man sie in einer flachen Schüssel oder einem Körbchen. Erntet man sie trocken, halten sie auch etwas länger.

Wie wirken die verführerischen Früchte?

Erdbeeren sind wahre Vitaminhelden. So enthalten sie mehr Vitamin C als beispielsweise Zitronen oder Äpfel. Zudem liefern sie viele B-Vitamine, unter anderem haben sie auch einen hohen Gehalt an Folsäure, Vitamin E und K und verfügen über viele sekundäre Pflanzeninhaltsstoffe wie

Carotinoide, Flavonoide und Anthocyane. Auch Mineralstoffe und Spurenelemente sind zu finden. Dazu zählen Kieselsäure, Kalium, Kalzium, Magnesium, Zink, Eisen, Kupfer und Mangan. Bei fast 90-prozentigem Wasseranteil ist die Frucht noch dazu kalorienarm, liefert aber mit rund 300 Aromastoffen einen herrlichen Geschmack.

Durch den hohen Anteil an Salicylsäure wirken Erdbeeren leicht schmerzstillend, entzündungshemmend und fiebersenkend. So werden sie sehr geschätzt, um Rheuma und Gicht zu lindern. Der entwässernde Effekt kommt durch die Asparaginsäure, die den Stoffwechsel anregt und Gifte ausscheidet. Eisen und Folsäure regen die Blutbildung an. Gerade Kinder, Jugendliche und Schwangere haben einen hohen Bedarf an Folsäure. Sie ist an allen Wachstums-und Erneuerungsprozessen in unserem Körper beteiligt. Daher sind Erdbeeren im Sommer immer eine gesunde Nascherei.

Man benötigt:

- 100 g Erdbeeren
- 15 g Basilikumblätter
- 40 g Zucker
- 200 g Sahne
- Eisformen und Holzstäbchen

Erdbeer-Basilikum-Eis

Köstliches Duo

Die aromatischen Beeren harmonieren hervorragend mit verschiedenen Kräutern. Ein köstliches Duo sind Erdbeeren und Basilikum. Erdbeersalat mit einigen Blättern des duftenden Krauts schmeckt hervorragend, aber auch ein mit Erdbeerstückchen und Basilikumblättern aromatisiertes Wasser wirkt erfrischend. So ist es auch nicht verwunderlich, dass das Erdbeer-Basilikum-Eis ein wahrer Genuss ist.

So wird's gemacht:

Man bereitet zwei Massen zu:
Für die Erdbeermasse werden die Erdbeeren mit 100 g der Sahne püriert. Anschließend die Hälfte des Zuckers unterheben. Die Basilikummasse wird auf gleiche Weise zubereitet.
Eisformen mit den Holzstäbchen vorbereiten und nach Belieben die zwei Sorten einfüllen.
Für mehrere Stunden im Gefrierfach durchziehen lassen.
Haltbarkeit: im Gefrierfach etwa 2 Monate

So wird's gemacht:
Alle Arbeitsgeräte und -tiegel mit Alkohol desinfizieren. Glycerin und Erdbeeren mixen und in ein Glas füllen. Für etwa 14 Tage an einem hellen, aber nicht vollsonnigen Platz ziehen lassen. Anschließend durch einen Kaffeefilter abseihen und in eine Flasche füllen.
Haltbarkeit: etwa 10 bis 12 Monate

Erdbeer-Glycerite

Pflegende Basis für Kosmetikprodukte

Glycerin ist ein spannender Inhaltsstoff in der Kosmetik, da er die Haut befeuchtet. Er sorgt dafür, dass Wirkstoffe gut in die Haut eindringen können. Beim Kauf von Glycerin sollte man darauf achten, Produkte in Bio-Qualität zu erwerben. Wie bei anderen Tinkturen dient bei den Glycerin-Tinkturen, auch Glycerite genannt, das Glycerin als Auszugsmittel. Man will die wertvollen Inhaltsstoffe der Pflanzen im Glycerin lösen und somit für Pflegeprodukte verfügbar machen – eine meiner Lieblingsmethoden, um meine Kosmetikprodukte noch pflegender zu machen.

Man benötigt:

- 70 g Glycerin
- 30 g frische Erdbeeren
- Alkohol zum Desinfizieren

Man benötigt:

- 100 g Duschgelbasis (siehe Glossar)
- 70 g frische oder tiefgekühlte Erdbeeren
- 1 g Xanthan
- 10 g Erdbeer-Glycerite (siehe S. 74 f.) oder Glycerin
- 5 Tropfen Vitamin E

Duschgel

Mit frechen Früchtchen

Mit dem aromatischen Duschgel wird nicht nur die Haut gereinigt und gepflegt, es macht auch richtig Spaß. Dabei hat man keinen künstlichen Erdbeer-Duft, sondern ein feines, sinnliches Aroma. Wem dies zu wenig ist, kann das Duschgel noch gerne mit ätherischen Ölen aufpeppen.

So wird's gemacht:

Erdbeeren pürieren und durch ein Sieb streichen. Xanthan und Glycerite in einem Gefäß quellen lassen. Erdbeermasse mit einem Löffel in die Duschgelbasis rühren.

Zum Schluss noch das Xanthan-Glycerite-Gemisch unterheben und alles in eine Flasche füllen.

Haltbarkeit: etwa 2 Monate

So wird's gemacht:
SCI und SCS sind feste Tenside in Pulverform, die in der Naturkosmetik verwendet werden und Basis von festen Shampoos sind. Kleine Partikel der Tenside verbreiten sich beim Mischen schnell in der Luft. Daher ist es ratsam, eine Atemschutzmaske beim Mischen zu tragen, damit sie die Atemwege nicht reizen.
Beide feste Tenside abwiegen und in einer Schüssel vermischen. Die pulverisierten Erdbeeren ebenso hinzugeben. Mandelöl, Erdbeerglycerite und Klettenwurzelöl vermischen und zur festen Tensidmasse geben. Alles langsam miteinander verkneten und entweder in eine Silikonform füllen oder kleine Kugeln formen. Für 1 bis 2 Tage durchtrocknen lassen. Für die Anwendung das Shampoo etwas nass machen, auf dem Kopf verteilen und wie gewohnt die Haare waschen.
Haltbarkeit: etwa 1 Jahr

Erdbeer-Shampoo

Fruchtige Pflege fürs Haar

Feste Shampoos sind im Trend, da sie einerseits praktisch sind und noch dazu ohne Verpackung auskommen. Ist man unterwegs, packt man sie in ein Glas oder eine Dose. Dafür werden getrocknete und pulverisierte Erdbeeren verwendet, die gemeinsam mit den Tensiden das Haar reinigen. Die Kopfhaut erfährt durch das Pulver ein leichtes Peeling, und die Haare glänzen nach der Anwendung wunderbar.

Man benötigt:

- 60 g SCI (Sodium Cocoyl Isethionate)
- 50 g SCS (Sodium Coco-Sulfate)
- 15 g Mandelöl
- 10 g Erdbeer-Glycerite (siehe S. 74 f.) oder Glycerin
- 3 g pulverisierte Erdbeeren
- (optional)10 Tropfen Klettenwurzelöl
- (optional) Silikonform

Man benötigt:

- 500 g Erdbeeren
- 10 frische Holunderblütendolden
- 500 g Essig
- 300 g Zucker
- 100 g Honig

Erdbeer-Shrub

Ein Essigsirup, der verzaubert

Shrub kommt aus dem Arabischen, bedeutet so viel wie „trinken“ und ist verwandt mit *sharba*, das für „Sirup“ steht. Die Ursprünge des Essiggetränks kommen also aus dem arabischen Raum, in dem man damit Früchte konservieren wollte. Eine Kühlmöglichkeit gab es damals noch nicht, aber der Sirup hielt sich mehrere Wochen. Auch in England gab es ähnliche Ansätze, hier wurde aber zu Beginn noch mit Likör angesetzt. Von dort kam die Idee nach Amerika, wo Shrubs dann mit Essig hergestellt wurden und so nun auch von Kindern getrunken werden konnten.

So wird's gemacht:
Zuerst werden die Erdbeeren gewaschen und in kleine Stücke geschnitten. Eventuell auch noch mit einer Gabel leicht andrücken. Die Blüten von den Holunderdolden abstreifen und zu den Erdbeeren hinzugeben.
In einer Schüssel die Holunder-Erdbeeren mit dem Zucker vermischen und mit einem Küchentuch abdecken. Über Nacht bei Zimmertemperatur stehen lassen.
Am nächsten Tag hat sich der Zucker aufgelöst und die Früchte haben Saft gelassen.
Diesen mit einem feinen Sieb abseihen und die Früchte gut auspressen. Die übrig gebliebenen Früchte können wunderbar in Chutneys weiterverarbeitet werden.
Anschließend Honig und Essig unter den aufgefangenen Saft mischen. Wer mag, kann den Shrub noch mit weiterem Zucker, Honig oder Essig abschmecken.
In vorher sterilisierte Flaschen abfüllen. Milder und harmonischer wird der Geschmack, wenn man den Shrub noch 2 bis 3 Wochen reifen lässt. Der Essigsirup kann wie normaler Sirup verwendet werden.
Haltbarkeit: im Kühlschrank etwa 3 Monate

So wird's gemacht:
Erdbeeren in kleine Stücke schneiden und in ein weithalsiges Glas füllen.
Die Vanilleschote aufschneiden, Mark ausschaben und beides gemeinsam mit dem Zucker und den Zesten zu den Erdbeeren füllen. Mit dem Korn aufgießen und verschließen.
Für mindestens 4 Wochen ziehen lassen, anschließend abseihen und in Flaschen füllen.
Haltbarkeit: mehrere Jahre

Beschwipste Erdbeeren

Ein fruchtiger Likör

Wer ein Fan von Likören ist, wird den Erdbeerlikör lieben! Er schmeckt herrlich sinnlich und kann wunderbar als Basis für verschiedene Cocktails verwendet werden. Auch als Geschenk macht sich der Erdbeerlikör sehr gut. Nur seine wunderschöne Farbe verblasst etwas mit der Zeit.

Man benötigt:

- 500 g frische Erdbeeren
- 1 Vanilleschote
- 150 g Zucker
- Zesten einer Bio-Zitrone
- 750 ml Korn

Man benötigt:

- 3–4 frische Erdbeeren
- 50 ml Öl (Sonnenblumenöl, Mandelöl)
- 1–2 EL Mohnsamen
- 100 g Zucker

Erdbeer-Mohn-Peeling

Erdbeeren enthalten Fruchtsäure und viel Vitamin C und können die Haut sehr gut reinigen. In Kombination mit dem Zucker und dem Mohn entfernt das Peeling abgestorbene Hautschüppchen, die Haut wird wieder samtig weich und geschmeidig. Das Öl pflegt die Haut zusätzlich und verleiht ihr einen schönen Glanz.

So wird's gemacht:
Zunächst die Erdbeeren gründlich waschen und anschließend im Mixer zerkleinern.
Danach das Öl langsam unterrühren und den Mohn und den Zucker hinzufügen.
Anschließend in ein Glas abfüllen.
Haltbarkeit: etwa 3 bis 4 Monate

So wird's gemacht:
Walderdbeeren und Kristallzucker mixen und auf ein mit Backpapier ausgelegtes Blech streichen. Für mehrere Tage trocknen lassen, danach nochmals mixen und in Gläser abfüllen.
Haltbarkeit: mindestens 1 Jahr

Walderdbeerzucker

So konserviert man den Sommer

Mit dem aromatischen Walderdbeerzucker versüßt man sich das Leben. Er duftet und konserviert den Sommer für spätere Tage. Auch die Farbe macht sogleich gute Laune. Er kann für Süßspeisen, Desserts oder als Topping für Kekse und Muffins verwendet werden.

Man benötigt:

- 50 g frische Walderdbeeren
- 100 g Kristallzucker

Man benötigt:

- 80 g weiche Butter
- 200 g Mehl
- Mark einer 1/2 Vanilleschote
- 1/2 Päckchen Backpulver
- 3 Eier
- 140 g Zucker
- 140 ml Milch
- 50 g Walderdbeeren
- optional etwas Sahne und Walderdbeerzucker
- Muffinformen

Walderdbeermuffins

Fürs Kaffeekränzchen

An einem sonnigen Nachmittag gemütlich im Garten sitzen. Eine Tasse Tee oder Kaffee schlürfen und dazu köstliche Walderdbeermuffins genießen – ein kleines Stück Glück für ein paar Minuten Auszeit.

So wird's gemacht:
Eier schaumig schlagen und nach und nach den Zucker unterrühren. Anschließend die weiche Butter zur Masse geben. Mehl sieben und das Backpulver untermischen. Danach abwechselnd Milch und Mehl zur Masse hinzufügen, ebenso das Vanillemark. Zum Schluss noch die Walderdbeeren unterheben und in die Formen füllen. Bei 180 °C Ober- und Unterhitze für etwa 35 bis 40 Minuten backen. Als Topping etwas Sahne schlagen und auf die Muffins spritzen, mit Walderdbeerzucker garnieren.

So wird's gemacht:
Gelatine in Wasser einweichen, bis sie weich geworden ist. Erdbeeren pürieren und durch ein Sieb streichen. Die zurückgebliebenen Nüsschen kann man super für eine Peelingmaske verwenden (siehe S. 92 f.).
Erdbeermark, Sahne, Zitronensaft und Zucker vermischen und erwärmen.
Gelatine unter Rühren darin auflösen und anschließend in Silikonformen füllen. Im Kühlschrank mehrere Stunden ziehen lassen, danach aus der Silikonform lösen.
Haltbarkeit: etwa 1 Woche im Kühlschrank

Waldbären

Eine besondere Nascherei

Die süßen Waldbären sehen nicht nur verführerisch aus, sie duften auch lecker nach den Walderdbeeren. Man muss schon ein Weilchen sammeln, damit man genügend Beeren hat, aber es lohnt sich definitiv. Wer keine Gelatine verwenden möchte, der kann auf pflanzliche Alternativen wie Agar-Agar zurückgreifen.

Man benötigt:

- 200 g Walderdbeeren
- Saft einer halben Bio-Zitrone
- 100 g Sahne
- 2 EL Zucker
- 20 Blatt Gelatine oder 14 g Agar-Agar
- Silikonformen

Man benötigt:

- 1–2 EL Erdbeernüsschen (Abfall von Rezept S. 90 f.)
- 1 EL Honig

Peelingmaske

Wohltuende Resteverwertung

Aus den Kernen beziehungsweise den Nüsschen von Erdbeeren oder auch Brombeeren und Himbeeren kann man ganz einfach eine Peelingmaske herstellen: Die feinen Nüsschen reinigen die Haut sanft und verleihen ihr mit der Fruchtsäure ein besonderes Strahlen.

So wird's gemacht:
Die Nüsschen mit dem Honig vermischen und damit Gesicht und Dekolleté bestreichen. Für einige Minuten einwirken lassen und anschließend mit Wasser abwaschen.
Haltbarkeit: sofort verbrauchen

Hagebutten

Die roten Früchte mit ihren schwarzen Kappen leuchten im Herbst mit anderen Wildfrüchten um die Wette. Man findet sie oft an Waldrändern und Hecken, oder auch im eigenen Garten: Es sind die Früchte der Rosen. Nicht nur die Wildrose bildet Hagebutten, fast alle anderen Rosensorten auch – und sie sind alle genießbar. Man findet in der freien Natur vor allem die Hundsrose *(Rosa canina)* und die Weinrose *(Rosa rubiginosa)*. In so manchem Garten wächst auch die Kartoffelrose (Rosa rugosa), die sehr große Früchte bildet. Im Inneren der Hagebutten sind viele kleine Nüsschen zu

finden, die in seidige Härchen eingebettet sind. Diese sind mit feinen Widerhaken bestückt, welche bei Berührung mit der Haut zu jucken beginnen – bei Kindern ist das auch als „Juckpulver" bekannt. Bei der Verarbeitung der Früchte werden diese fast immer entfernt. Dabei lohnt es sich, die Kerne aufzuheben. Denn getrocknet können sie zum sogenannten Kernlestee aufgebrüht werden. Dieser unterstützt die Blutreinigung und Entwässerung. Er wird auch gerne bei Nieren- und Blasensteinen sowie bei Rheuma angewendet.

Je nach Rosenart und Standort kann der Erntezeitpunkt verschieden sein. Reife Hagebutten sind fast dunkelrot, ihr Fruchtfleisch gibt auf Fingerdruck leicht nach. Die meisten Früchte können zwischen September und November geerntet werden – das sollte an sonnigen und trockenen Tagen geschehen.

Über eine so vielseitige und heilkräftige Frucht findet man einige Sagen und Erzählungen, eine Auswahl: Schönheit und ewige Jugend soll die Hagebutte der griechischen Liebesgöttin Aphrodite verliehen haben. Eine Hagebutte unterm Kopfkissen sorgt für einen guten Schlaf. Fädelt man die Früchte zu einer Kette, ziehen sie die Liebe an. Isst man drei Hagebutten zur Weihnachtszeit, so ist man vor Krankheit geschützt.

Was steckt drin in den Früchten der Rose?

Die wilden Früchte zählen zu den Vitaminbomben, da sie reichlich Vitamin A, C und E enthalten. Besonders das Vitamin C ist darin außerordentlich reich vorhanden, im Durchschnitt um das Zwanzigfache mehr als in einer

Zitrone! So sind sie gerade im Herbst der beste Booster für das Immunsystem. Aber auch wenn man eine Erkältung erwischt hat, helfen Hagebutten, dass man wieder schnell auf die Beine kommt. Mineralien wie Kalzium und Magnesium sind für Herz, Muskeln und Knochen wichtig.

Sekundäre Pflanzeninhaltsstoffe wie das Carotinoid Lycopin haben einen vorbeugenden Effekt gegenüber Osteoporose, da sie den Knochenabbau abbremsen. Das Zusammenspiel der Inhaltsstoffe hemmt Entzündungsprozesse – besonders die enthaltenen Galaktolipide können Entzündungen in den Gelenken mildern – vor allem dann, wenn diese Schmerzen durch Arthritis, Arthrose oder Rheuma hervorgerufen werden. Aus den kleinen Kernen, die sich im Inneren der Früchte befinden, wird das wertvolle Wildrosenöl gepresst. Es zieht besonders schnell in die Haut ein und fördert deren Regeneration. In der Kosmetikbranche hat es sich einen Namen gemacht, da es die Kollagenproduktion anregt und Falten leicht mildern kann. Auch als Zutat in vielen Narbensalben leistet es wertvolle Dienste.

Man benötigt:
- 1 EL getrocknete Hagebutten
- 250 ml Wasser

Hagebuttentee

Fruchtiger Durstlöscher

Er schmeckt fruchtig und erfrischend und ist nicht nur heiß getrunken, sondern auch im Sommer als Kaltgetränk ein perfekter Durstlöscher. Schon Kräuterpfarrer Kneipp empfahl einen Tee aus Hagebutten bei Blasen- und Nierenleiden. Außerdem hat er eine entwässernde und entgiftende Wirkung.
Die Hagebutten werden dabei für ein intensiveres Aroma in Stücke geschnitten. Die Kerne können für den Tee mitverwendet werden, allerdings muss er dann durch ein feines Sieb abgeseiht werden, damit die kleinen Härchen nicht das Teevergnügen stören. Zum Trocknen die Früchte halbieren oder vierteln und an einem warmen, aber nicht vollsonnigen Ort trocknen lassen.

So wird's gemacht:
Wasser zum Kochen bringen und über die Hagebutten gießen. Mindestens 15 Minuten zugedeckt ziehen lassen, anschließend abseihen.
Im Sommer kann der Tee auch kaltgestellt und als gesundes Erfrischungsgetränk genutzt werden.
Haltbarkeit: getrocknete Früchte etwa 1 Jahr

So wird's gemacht:
Wasser und Zucker in einen Topf geben, zum Kochen bringen und etwa 10 Minuten köcheln lassen. Vanilleschote aufschneiden, Mark auskratzen und beides gemeinsam mit den Nelken und den Hagebutten in den Topf geben und weitere 5 Minuten köcheln lassen. Anschließend vom Herd nehmen und für einen Tag zugedeckt im Sud belassen. Früchte abseihen, beiseitelegen, Vanilleschote und Nelken entfernen. Den Sud nochmals aufkochen lassen, wieder vom Herd nehmen, die Früchte nochmals hinzugeben und wieder einen Tag stehen lassen. Dies wiederholt man für weitere 2 bis 3 Tage.
Anschließend die Früchte abseihen, auf ein mit Backpapier ausgelegtes Blech legen und für etwa eine Woche durchtrocknen lassen. Zum Schluss in etwas Staubzucker wälzen, in Gläser füllen und verschließen.
Tipp: Der abgeseihte Sud kann sehr gut als Sirup zum Süßen von Tees verwendet werden.
Haltbarkeit: etwa ein halbes Jahr

Dekorative Nascherei

Das Kandieren von Früchten ist mit etwas Aufwand verbunden, dafür wird die Mühe mehr als belohnt: Es entstehen feine kleine Herbstpralinen, die ein besonderer Genuss sind. Sie schmecken aber nicht nur lecker, sondern können auch sehr schön als kleine Dekoration auf Keksen verwendet werden – Weihnachten lässt grüßen.

Man benötigt:

- 500 g halbierte und entkernte Hagebutten
- 300 g Wasser
- 600 g Zucker
- 1/2 Vanilleschote
- 2 Nelken
- Backpapier

Man benötigt:

- ❋ 250 g frische Hagebutten
- ❋ 2 EL Honig
- ❋ 1 Vanilleschote
- ❋ 2 Pimentkörner
- ❋ 1 Nelke
- ❋ Abrieb von 2 Bio-Orangen
- ❋ 50 g Zucker
- ❋ 500 ml Rum

Hagebuttenlikör

Stärkt das Immunsystem

Es gibt eine lange Tradition, Pflanzen und Früchte in Alkohol auszuziehen. So werden Inhaltsstoffe haltbar gemacht. Besonders in Klöstern wurde diese wertvolle Möglichkeit genutzt und für viele Menschen verfügbar gemacht. In den letzten Jahrzehnten galt das Ansetzen von Likören als etwas verstaubt und altbacken. Was schade ist, denn es liegt viel Potenzial in dieser so einfachen Herstellungsmöglichkeit.
Der Hagebuttenlikör schmeckt nicht nur gut, ein kleines Likörgläschen am Tag fördert auch das Immunsystem! Er kann bei Erkältungen, aber auch bei Nieren- und Blasenleiden verwendet werden.

So wird's gemacht:
Die braunen Kappen der Hagebutten entfernen und anschließend leicht andrücken, sodass sich die Schale leicht öffnet. Das kann man beispielsweise mit einem Nudelholz machen.
Die Orangen gut waschen und Zesten aus den Schalen schneiden.
Die Vanilleschote aufschneiden, Mark auslösen. Hagebutten, Orangenzesten, Vanillemark und auch die Vanilleschale sowie die restlichen Gewürze in ein verschließbares Glas geben. Zucker und Honig hinzufügen und mit dem Rum aufgießen.
Für etwa 2 Monate an einem hellen, aber nicht vollsonnigen Platz ausziehen lassen. Das Glas immer wieder etwas schwenken, damit sich alles gut miteinander vermischt. Anschließend abseihen und in Flaschen füllen.
Haltbarkeit: mehrere Jahre

So wird's gemacht:
Kappen der Hagebutten entfernen.
Die Früchte halbieren und die Kerne herauslösen. Hagebutten noch weiter zerkleinern und im Mörser etwas anquetschen.
Bis zur Hälfte locker in ein Glas schichten und mit dem Honig übergießen.
Das Glas immer wieder mal wenden, sodass sich die Hagebutten gut mit dem Honig verbinden.
Für etwa 14 Tage an einem hellen, aber nicht vollsonnigen Ort ausziehen lassen.
Danach kann der Honig samt den Hagebutten löffelweise zur Immunstärkung eingenommen werden.
Haltbarkeit: etwa 1 Jahr

Hagebuttenhonig

Kraftpaket für den Körper

Honig ist etwas ganz Besonderes – dieses Geschenk der Bienen darf hochgeschätzt werden. Er enthält über 180 verschiedene Inhaltsstoffe und wirkt wärmend, tonisierend, reizlindernd, mineralisierend, antioxidativ, antibakteriell und vieles mehr. Kombiniert man ihn mit der Vitaminbombe Hagebutte, so entsteht ein wahres Kraftpaket für den Körper.

Man benötigt:
❄ frische Hagebutten
❄ Honig

Man benötigt:

- getrocknete Hagebutten (ganze Frucht)
- Mixer

Hagebuttenpulver

Vielseitig einsetzbar

Die getrockneten Hagebutten kann man sehr einfach zu einem Pulver verarbeiten. Über Müsli oder Joghurt gestreut, füttert es unseren Körper mit vielen Mineralien und anderen gesunden Inhaltsstoffen und sorgt für ein starkes Immunsystem. Hagebuttenpulver ist auch ein Hausmittel bei Gelenksbeschwerden, da die darin enthaltenen Galaktolipide Entzündungen mildern. Das Pulver kann auch bei Harnwegsinfekten verwendet werden. Hier hilft aber auch schon der Tee aus den Früchten sehr gut. Auf jeden Fall stärkt es unser Immunsystem.

Wichtig bei der Einnahme von Hagebuttenpulver ist, dass man viel dazu trinkt, da es sonst eine verstopfende Wirkung haben kann. Studien haben ergeben, dass man es über einen Monat einnehmen sollte, um positive Ergebnisse zu erzielen. Empfohlen werden etwa 5 g des Hagebuttenpulvers pro Tag. Dies kann man beispielsweise aufteilen und jeweils zum Müsli, Aufstrich oder Joghurt geben.

So wird's gemacht:
Die getrockneten Hagebutten in einem Mixer fein mahlen. Wurden nicht alle Teile gut zerkleinert, siebt man es am besten noch einmal ab. In ein Glas abfüllen und beschriften.
Haltbarkeit: etwa 10 bis 12 Monate

So wird's gemacht:

Für das Hagebutten-Mazerat: Arbeitsplatz und alle Arbeitsgeräte mit Alkohol desinfizieren. Hagebutten und Mandelöl vermischen und mixen, damit die Früchte gut zerkleinert werden. So können mehr Inhaltsstoffe in das Öl übergehen. In ein hitzebeständiges Gefäß füllen und im Wasserbad erhitzen, aber nicht frittieren. Für etwa eine Stunde lang ausziehen lassen. Abgedeckt über Nacht stehen lassen, nochmals kurz erhitzen und anschließend durch einen Kaffeefilter abseihen. Das Vitamin E hinzufügen und in Flaschen füllen.

Für das Intensivöl: Arbeitsplatz und Arbeitsgeräte mit Alkohol desinfizieren. Hagebutten-Mazerat und Wildrosenöl abwiegen und miteinander verrühren. Sanddornfruchtfleischöl hinzufügen, vermischen und in ein Fläschchen abfüllen.
Haltbarkeit: etwa 8 bis 10 Monate

Hagebutten-Intensivöl

Ein Gruß von Aphrodite

Wenn schon die Liebesgöttin Aphrodite ihre Schönheit den Hagebutten verdanken soll, dann schadet es bestimmt nicht, die Früchte in die Hautpflege mit aufzunehmen. Dabei wird Zweierlei für das pflegende Hautöl verwendet: das kostbare Wildrosenöl, welches aus den Samen gepresst wird, und das Mazerat aus den ganzen Früchten. Das selbst hergestellte Mazerat dient auch als Basis für den Hagebutten-Honigbalsam auf S. 110 f. Das pflegende Intensivöl ist ein Genuss für die Gesichtshaut und kann als reichhaltige Pflege am Abend einmassiert werden.

Man benötigt (für das Hagebutten-Mazerat):

- 40 g frische Hagebutten
- 100 g Mandelöl
- 5 Tropfen Vitamin E
- Alkohol zum Desinfizieren

Man benötigt (für das Intensivöl):

- 20 g Hagebutten-Mazerat
- 10 g Wildrosenöl
- 5 Tropfen Sanddorn-fruchtfleischöl
- Alkohol zum Desinfizieren

Man benötigt:

- 50 g Hagebutten-Mazerat (siehe S. 110 f.)
- 20 g Sheabutter
- 1 TL Honig
- 1 kleine Prise Zimt (optional)
- 6 g Bienenwachs
- (optional) 5 Tropfen ätherisches Vanilleöl *(Vanilla planifolia)*
- Alkohol zum Desinfizieren

Hagebutten-Honigbalsam

Pflegende Wärme für kalte Stunden

Wenn's draußen langsam ungemütlich wird, dann sehnt sich die Haut nach intensiver Pflege. Mit dem wärmenden Hagebutten-Honigbalsam wird sie gestärkt. Das feuchtigkeitsspendende Hagebuttenfruchtöl ist eine wahre Wohltat, und der Honig wirkt antibakteriell und wärmend zugleich. Als intensive Pflege kann der Balsam sparsam aufgetragen für Hände, Füße und trockene Hautstellen verwendet werden.

So wird's gemacht:
Arbeitsplatz und Arbeitsgeräte mit Alkohol desinfizieren.
Hagebutten-Mazerat, Sheabutter und Bienenwachs im Wasserbad erwärmen, bis alles geschmolzen ist. Vom Herd nehmen und überkühlen lassen, dabei mit einem Löffel die Masse rühren.
Zimt in den Honig unterrühren und gemeinsam zum Balsam hinzufügen. Alles gut miteinander vermischen. In einen Tiegel abfüllen und für mehrere Stunden zum Aushärten in den Kühlschrank stellen – so verhindert man, dass die Sheabutter krisselig wird.
Haltbarkeit: etwa 8 bis 10 Monate

So wird's gemacht:
Auf das Marmeladenglas 1 bis 2 Blätter und einen kleinen Hagebuttenzweig legen.
Mit dem Draht oder Faden umwickeln und auf der Rückseite verknoten und abschneiden.
Das Teelicht ins Marmeladenglas geben.

Hagebutten-Teelichter

Für gemütliche Herbststunden

Die leuchtenden Früchte werden nicht nur gerne für Heilzwecke oder für leckere Speisen verwendet: Sie sind auch bei Floristen sehr beliebt, da sie im Herbst schöne Farbtupfer in so manches Blumenarrangement oder Gesteck bringen. Eine sehr einfache Möglichkeit, die Früchte dekorativ zu nutzen, sind selbstgemachte Teelichter.

Man benötigt:

- Hagebuttenzweig
- bunte Blätter
- feinen Silberdraht oder einen stabilen Faden
- Marmeladeglas
- Teelicht
- Gartenschere/Schere

Man benötigt:

- Hagebuttenzweige
- feinen Silberdraht
- verschiedene Zierkürbisse
- Moos
- Teller
- (optional) Eicheln, Nüsse oder Zapfen
- Gartenschere

Hagebutten-Kürbis-Dekoration

Für den herbstlichen Tisch

Der Fantasie sind im Herbst wirklich keine Grenzen gesetzt: Bei der Fülle an Naturmaterialien, die sich in dieser Jahreszeit anbieten, kann man sich kreativ austoben. Kürbisse und Hagebutten sind dabei eine sehr schöne Kombination. Kleine Zierkürbisse eignen sich dafür perfekt und zaubern ein stimmungsvolles Herbstarrangement auf den Tisch.

So wird's gemacht:

Hagebutten so von den Zweigen schneiden, dass noch etwa 1 cm vom Stiel dranbleibt.

Etwa 20 cm vom Draht abschneiden und um den Stiel wickeln, bis die Hagebutte gut befestigt ist.

Anschließend weitere Hagebutten auf den Draht aufwickeln. Die Enden des Drahts können entweder abgeschnitten oder um eine Stricknadel oder ähnliches gewickelt werden, so entsteht eine schöne Spirale. Die Hagebuttenkette um den Zierkürbis drapieren. Auf einen Teller etwas Moos legen und mit den Kürbissen und anderen herbstlichen Früchten dekorieren.

Heidelbeeren

Man kann es schwer verheimlichen, wenn man Heidelbeeren genascht hat: Blau gefärbte Zunge und Zähne verraten den Genuss. Nicht umsonst werden die dunklen Beeren auch Blau- oder Schwarzbeeren genannt. Sie wachsen als Heidekrautgewächse oft in Heide- und Moorlandschaften, sind aber auch in lichten Wäldern bis ins Gebirge zu finden. Früher schwärmte man zur Erntezeit, ab Juli oder August aus und sammelte die begehrten Früchte. Heutzutage sind sie in vielen Regionen nicht mehr so reich vorhanden wie früher. So holen sich viele Menschen die leckeren Früchte in den Garten. Dabei handelt es sich um Kulturheidelbeeren, die mit den wilden Beeren aus dem Wald nicht verwandt sind. Sie stammen aus amerikanischen Züchtungen und sind um einiges größer. Ihr Fruchtfleisch ist im Gegensatz zur wilden Variante hell und nicht durchgefärbt. Auch diese schmecken sehr lecker, sind aber nicht so aromatisch wie die Waldheidelbeeren. Durch das blaugefärbte

Fruchtfleisch enthalten die wilden Beeren mehr Anthocyane und daher auch mehr Antioxidantien. Wenn man also die Wahl hat, sollte man besser zu den Waldheidelbeeren greifen.

Waldheidelbeeren wachsen auf Halbsträuchern, die bis zu 50 cm hoch werden können. Da die Heidelbeere ursprünglich eine Moorpflanze ist, mag sie gerne feuchten Boden. Sammelt man sie im Wald, dürfen sie nicht mit der Rauschbeere *(Vaccinium uliginosum)* verwechselt werden. Sie hat im Gegensatz zur Waldheidelbeere ein grünliches Fruchtfleisch und auberginefarbene Blätter. Diese können, in größeren Mengen genossen, Schwindel und Erbrechen auslösen.
Die empfindlichen Beeren lassen sich nur wenige Tage lang aufbewahren. Am besten lagert man sie im Kühlschrank und verarbeitet sie möglichst rasch. Sie lassen sich aber auch gut einfrieren. Um ein Zusammenkleben zu vermeiden, legt man sie

auf ein Tablett und friert sie vor. Getrocknete Beeren sollten in keiner Hausapotheke fehlen. Da sie schnell zu faulen beginnen, trocknet man sie am besten in einem Dörrapparat für mehrere Stunden bei etwa 40 °C.
In alten Märchen erzählt man, dass Heidelbeeren dort wachsen, wo sich die geheimen Eingänge der Zwergenwelten mit ihren Schätzen befinden. Eine andere Geschichte beschreibt, dass Maria Heidelbeeren zur Erde schickte, um den von einer Hungersnot geplagten Menschen zu helfen. So soll man auch zu Boden gefallene Beeren nicht mehr aufheben, da sie ein Opfer an die Gottesmutter sind.
Die starke Färbekraft der Beeren merkt man nicht nur beim Verarbeiten – diese Eigenschaft wurde auch schon früher für das Färben von Stoffen genutzt. Aber nicht nur dafür wurden sie verwendet: Schon Hildegard von Bingen erkannte ihre Heilwirkung und setzte die getrockneten Beeren zur Wundheilung an. Auch Kräuterpfarrer Kneipp schätzte sie und meinte, dass jeder Haushalt eine gute Portion getrocknete Heidelbeeren zur Hand haben sollte, da sie bei Durchfall unerlässlich seien.

So wirken die tiefblauen Beeren

Je mehr Farbstoffe sie haben, desto gesünder sind die Beeren. Dabei haben die schon fast tiefschwarzen Waldheidelbeeren den Kulturheidelbeeren um einiges voraus. Durch die sogenannten Anthocyane haben sie eine hervorragende zellschützende Wirkung und beugen so Herz-Kreislauf-Erkrankungen vor. Außerdem wirken sie sehr gut bei Nachtblindheit, da sie die Aktivität der Netzhautenzyme verbessern. Sie haben eine besonders gute Wirkung auf Blutgefäße, Gleichgewichtssinn, Kurzzeitgedächtnis und verzögern das Altern von Gehirnzellen. Heidelbeeren enthalten bis zu 30 Prozent Pektine, Gerbstoffe, Anthocyane, Flavonoide, Fruchtsäuren, Vitamin A, B-Vitamine und Vitamin C. Außerdem sind sie reich an Mineralstoffen wie Eisen, Kalzium und Kalium.

Getrocknete Beeren enthalten sehr viele Gerbstoffe, die stopfend wirken. Daher ist ein Tee aus den getrockneten Beeren ein hervorragendes Mittel bei Durchfall. Frische Heidelbeeren hingegen wirken eher abführend, da die darin enthaltenen Ballaststoffe im Darm aufquellen und dort die Muskulatur anregen. Heidelbeer-Tee kann auch zum Gurgeln bei Entzündungen im Mund- und Rachenraum verwendet werden.

Man benötigt:

- 250 g Balsamicoessig
- 200 g Heidelbeeren
- 100 g brauner Zucker
- 1 Zimtstange
- 4 Nelken
- 4 Pimentkörner

Heidelbeer-Balsamico

Ein dunkelblaues Vergnügen

Der fruchtige Balsamico macht sich nicht nur als Dressing für Salate wunderbar. Auch über einen Obstsalat oder frisch aufgeschnittene Feigen verteilt, ergibt er einen aromatischen Geschmack. Generell harmoniert er sehr gut mit süßen Speisen: Ein paar Tropfen über eine Kugel Vanilleeis schmecken köstlich.

So wird's gemacht:
Balsamico mit dem Zucker in einen Topf geben und erwärmen, bis der Zucker langsam schmilzt. Gewürze hinzugeben und etwa 5 Minuten köcheln lassen. Anschließend die Heidelbeeren hinzufügen und nochmals 10 Minuten köcheln lassen. Topf vom Herd nehmen und abkühlen lassen. Danach alles durch ein feines Sieb oder ein Leinentuch abseihen, dabei die Beeren gut auspressen. In sterilisierte Flaschen füllen und verschließen.
Haltbarkeit: etwa 1 Jahr

So wird's gemacht:
Heidelbeeren mit Zitronensaft und Essig in einen Topf geben und zum Köcheln bringen. Für etwa 20 bis 30 Minuten lang reduzieren lassen. Anschließend vom Herd nehmen und leicht überkühlen. Senfkörner in einer Kaffeemühle mahlen und gemeinsam mit dem Zucker zu den Heidelbeeren geben. Honig und Salz hinzugeben und in Gläser abfüllen. Im Kühlschrank reifen lassen.
Haltbarkeit: kühl gelagert etwa 3 bis 4 Monate

Heidelbeersenf

Aromatisch und scharf

Selbstgemachter Senf ist etwas Besonderes, und Heidelbeersenf sticht schon durch seine Farbe heraus. Er schmeckt süßlich, fruchtig und natürlich auch scharf. Die frisch gemahlenen Senfkörner haben zu Beginn sehr viel Kraft, daher lässt man den Senf mindestens 2 bis 3 Wochen reifen, bis er harmonischer im Geschmack wird.

Man benötigt:

- 200 g Heidelbeeren
- Saft einer halben Zitrone
- 2 EL Honig
- 25 g Senfkörner
- 1 EL Zucker
- 50 g Essig
- 1 Prise Salz

Man benötigt:

- ❊ 100 g Heidelbeeren, frisch oder tiefgefroren
- ❊ 1/2 TL Zimt
- ❊ 2 Zweige frischer Rosmarin (abgerebelt) oder 1 EL getrockneter
- ❊ 100 g Apfelessig
- ❊ 300 g Honig
- ❊ 1 EL Olivenöl

Anti-Aging-Oxymel

Tiefschwarzer Gesundheitstrank

Oxymele gehören zu meinen Lieblingsprodukten. Einfach herzustellen, schmecken sie angenehm süß und haben eine starke Heilwirkung. Außerdem kann man sie so vielfältig ansetzen, dass man sie das ganze Jahr über mit den verschiedensten Kräutern und Früchten verwenden kann. Das tiefschwarze Heidelbeer-Oxymel ist ein wahrer Zellschützer und kann auch im Winter mit tiefgefrorenen Früchten und getrocknetem Rosmarin hergestellt werden.

So wird's gemacht:
Apfelessig und Honig in einer Schüssel mit einem Löffel vermischen, bis sich beides gut verbunden hat.
Heidelbeeren, Zimt, Rosmarin, Olivenöl und das Apfelessig-Honiggemisch in einem Mixer zerkleinern.
Für eine Stunde stehen lassen, anschließend durch ein Sieb abseihen und in Flaschen füllen.
Ein bis zwei Esslöffel mit einem Glas warmen Wasser aufgießen und täglich genießen.
Haltbarkeit: etwa ein halbes Jahr

So wird's gemacht:
Arbeitsgeräte und -tiegel mit Alkohol desinfizieren. Glycerin und Heidelbeeren mixen und in ein Glas füllen. Für etwa 14 Tage an einem hellen, aber nicht vollsonnigen Platz ziehen lassen. Anschließend filtern und in eine sterilisierte Flasche füllen.
Haltbarkeit: etwa 10 bis 12 Monate

Heidelbeer-Glycerite

Ein Auszug in Glycerin ist ein hervorragendes Mittel, um Inhaltsstoffe für die Kosmetik verfügbar zu machen. Das in der Haut natürlich vorkommende Glycerin wirkt befeuchtend. Nur sollte man nicht zuviel davon verwenden, da es sonst austrocknend wirken könnte. Heidelbeeren geben ihre Anthocyane bereitwillig an das Glycerin ab, und so entsteht einerseits ein interessanter Farbstoff und andererseits ein pflegender Inhaltsstoff.

Man benötigt:

- 30 g frische Heidelbeeren
- 70 g Glycerin
- Alkohol zum Desinfizieren

Man benötigt:

- 2 EL getrocknete Heidelbeeren
- 1 EL getrocknete oder frische Ringelblumen
- 1 EL getrocknete oder frische Rosenblüten
- 100 g Mandelöl
- 5 Tropfen Vitamin E
- Alkohol zum Desinfizieren

Heidelbeeröl

Zellschutz mit Blüten

Anthocyane sind auch in den getrockneten Beeren zu finden. Daraus lässt sich ein sehr pflegendes Hautöl erstellen. Pur ist es ein Zellschützer von außen und gibt der Haut Kraft. Es kann auch hervorragend in Salben, Cremen oder Lippenpflege weiterverarbeitet werden.

So wird's gemacht:
Arbeitsplatz und Arbeitsgeräte mit Alkohol desinfizieren. Heidelbeeren, Ringelblumen, Rosenblüten und Mandelöl vermischen und im Mixer zerkleinern.
In ein hitzebeständiges Gefäß füllen und im Wasserbad erhitzen, aber nicht frittieren. Für etwa eine Stunde lang ausziehen lassen. Abgedeckt über die Nacht stehen lassen, nochmals kurz erhitzen und anschließend durch einen Kaffeefilter abseihen. Das Vitamin E hinzufügen und in sterile Flaschen füllen.
Haltbarkeit: etwa 8 bis 10 Monate

So wird's gemacht:
Arbeitsgeräte und -tiegel mit Alkohol desinfizieren. Heidelbeeröl, Rizinusöl und Bienenwachs in ein hitzebeständiges Glas geben und im Wasserbad erhitzen, bis das Bienenwachs schmilzt.
Vom Herd nehmen und unter Rühren leicht überkühlen lassen. Nun das Heidelbeer-Glycerite und das Lavendelöl langsam unterrühren, bis sich alles verbindet. Anschließend in die Lipglosshülsen füllen.
Haltbarkeit: etwa 4 bis 5 Monate

Heidelbeer-Lipgloss

Für den perfekten Kussmund

Das Schöne an selbstgemachter Kosmetik ist, dass man die Inhaltsstoffe je nach Verfügbarkeit, persönlichem Geschmack und/oder Verträglichkeit variieren kann. Gerne verarbeite ich, was im eigenen Garten oder in Wald und Wiese zu finden ist. Einen wunderschönen Farbton, der noch dazu pflegend wirkt, findet man in den tiefschwarzen Heidelbeeren. Perfekt eignen sich diese für Lippenpflege mit Mehrwert!

Man benötigt:

- 13 g Heidelbeeröl (siehe S. 128 f.)
- 13 g Rizinusöl
- 3,5 g Bienenwachs
- 3 g Heidelbeer-Glycerite (siehe S. 126 f.)
- 4 Tropfen ätherisches Lavendelöl *(Lavandula angustifolia)*
- Alkohol zum Desinfizieren
- 2 Lipgloss-Hülsen

Himbeeren

Samtig und weich fühlen sich Himbeeren an und sind, frisch vom Strauch gepflückt, ein sommerlicher Genuss. Wie die Brombeeren zählen sie botanisch gesehen zu den Sammelsteinfrüchten. Wild wachsend sind sie in lichten Wäldern, Hecken und Gebüschen zu finden. Die rosarot gefärbten Früchte haben eine flaumige Außenhaut. Sie gedeihen je nach Sorte von Juni bis September, man unterscheidet dabei Sommer- und Herbsthimbeeren. Die späten Varianten liefern oft Früchte bis zum ersten Frost. Neben den klassischen rosaroten Exemplaren findet man auch schwarze oder gelbe Sorten.

(Rubus idaeus)

Himbeerstauden sind nicht nur für uns Menschen wertvoll, sie liefern mit ihren weißen, zarten Blüten wertvollen Nektar für viele Insekten. Ihre Blätter sind Nahrung für über 50 verschiedene Schmetterlingsarten.

Reife Beeren lassen sich einfach vom Fruchtzapfen lösen.

Wie Erdbeeren reifen Himbeeren nicht mehr nach. Auch die Lagerfähigkeit ist wieder sehr gering und beträgt etwa zwei bis drei Tage im Kühlschrank. Da sie sehr druckempfindlich sind, sollte man sie in Schalen oder anderen flachen Gefäßen aufbewahren. Am besten reinigt man sie in einer Schüssel Wasser und tupft sie im Anschluss sanft trocken.

Himbeeren kommen auch in einigen Geschichten und Sagen vor: So soll die Tochter des kretischen Königs Melissos den kindlichen Jupiter schreiend in den Bergen gefunden haben. Um den weinenden Buben zu beruhigen, pflückte sie ihm eine Himbeere. Dabei blieb sie an der Himbeerstaude hängen, und so tropfte Blut auf die damals noch weißen Beeren und färbte sie von nun an rot.

Im Brauchtum verbindet sich die rote Farbe der Beeren mit Liebeszauber: So sind Zweige des Himbeerstrauchs Teil eines Liebesorakels, wurden aber auch an Fenster und Türen gebunden, um die Seelen von Verstorbenen fernzuhalten. So hat der Strauch auch einen gewissen Bezug zur Anderswelt.

Bärenstarke Inhaltsstoffe

Durch die ausgewogene Kombination aus süß und säuerlich sorgt die Himbeere für ein sehr harmonisches Geschmackserlebnis und ist auch reich an Ballaststoffen, Pektin und Schleimstoffen. Aber auch Mineralien und Spurenelemente wie Kalzium, Selen, Zink und Kupfer sind zu finden.

Auch viele Vitamine, wie A, B-Vitamine, C, K und E-Vitamine sind in den kleinen Fruchtkissen zu finden. Antioxidative Pflanzenfarbstoffe wie Anthocyane, Carotinoide und Flavonoide machen die Früchte bärenstark.
Durch den hohen Gehalt an Ballaststoffen regt die Himbeere auch den Stoffwechsel an. Durch ihren Basenüberschuss hilft sie zu entsäuern, gilt auch als leicht schweißtreibend und fiebersenkend. Daher ist Himbeersaft ein altes Hausmittel bei Fieber.

Neben den Früchten haben sich auch die Blätter der Himbeere in der Volksheilkunde einen Namen gemacht. So wirken sie zyklusregulierend und lindern Menstruationsbeschwerden. Als bewährtes Hausmittel wird der Tee zur Geburtsvorbereitung getrunken.

Man benötigt:

- 300 g frische Himbeeren
- 500 g Apfelessig
- 2 EL Honig
- 1 kleinen Thymianzweig
- 1 kleinen Rosmarinzweig

Himbeeressig

Fruchtige Säure

Kombiniert man den sauren Saft mit der fruchtigen Himbeere, so entsteht ein herrlicher Essig, der sich sehr gut für Dressings eignet, aber auch als saurer Durstlöscher für den Sommer – dafür einfach einen Esslöffel mit Wasser aufspritzen und genießen.

So wird's gemacht:
Himbeeren und Kräuter in ein weithalsiges Glas füllen. Apfelessig mit dem Honig verrühren und über die Himbeeren gießen. Glas verschließen und etwa 2 bis 3 Wochen an einem hellen, aber nicht vollsonnigen Platz ziehen lassen. Anschließend abseihen und in Flaschen füllen.
Tipp: die abgeseihten Beeren lassen sich sehr gut zu einem Chutney weiterverarbeiten.
Haltbarkeit: etwa 8 bis 10 Monate

So wird's gemacht:
Himbeeren mixen und durch ein Sieb streichen. Die Kerne können wie bei beim Erdbeerpeeling (S. 92 f.) weiterverwendet werden. Vanilleschote aufschneiden, Mark ausschaben und zu den pürierten Himbeeren geben. Masse mit dem Salz gut vermischen und auf ein mit Backpapier ausgelegtes Blech streichen, mehrere Tage trocknen lassen. Danach in Gläser oder Gewürzmühlen füllen.
Haltbarkeit: mehrere Jahre

Himbeer-Vanille-Salz

Duftige Würze

Dieses leuchtende Salz erinnert immer an die warmen Sommertage, als die Beeren frisch vom Strauch gepflückt wurden. Es kombiniert die fruchtige Himbeere, das feine Vanillearoma und konserviert beides in Salz. Leuchtendes Himbeersalz ist ein Hingucker in der Küche und ein beliebtes Geschenk!

Man benötigt:

- 100 g frische Himbeeren
- 1 Vanilleschote
- 300 g grobes Meersalz

Man benötigt:

- 50 g frische Himbeeren
- Blätter einer Rose
- 1/2 TL Kardamomsamen
- Saft einer halben Bio-Zitrone
- 1 Prise Zimt
- 100 g Honig

Himbeer-Rosen-Elixier

Kräftigender Jungbrunnen

Dieses köstliche Elixier kombiniert aromatische Himbeeren mit duftenden Rosen. Wärmender Honig und Kardamom runden das Ganze ab. So entsteht ein kräftigender Trunk für den Körper, der die Zellen verjüngt. Am besten nimmt man das Elixier gleich am Morgen ein, so ist man für den Tag gestärkt.

So wird's gemacht:
Rosenblätter verlesen und den weißen Teil am Blattanfang wegschneiden, da dieser bitter sein kann. Himbeeren, Rosenblätter, Zitronensaft und Gewürze fein mixen. Anschließend gut mit dem Honig gut verrühren und in Flaschen füllen.
Täglich 1 bis 2 EL dieses duftenden und aromatischen Elixiers einnehmen.
Haltbarkeit: etwa 2 bis 3 Monate

So wird's gemacht:
Die getrockneten Himbeeren in einer Kaffeemühle oder im Mörser fein mahlen. Anschließend durch ein Sieb streichen, damit wirklich ein Pulver zurückbleibt, das sich später auf der Lippenhaut gut anfühlt.
Arbeitsplatz und alle Arbeitsgeräte mit Alkohol desinfizieren. Bevor der Lippenbalsam gerührt wird, etwa 1 bis 2 TL vom Mandelöl mit dem Himbeerpulver vermischen und beiseitestellen. Dadurch kann man es später besser einrühren und es klumpt nicht.
Bienenwachs, Sheabutter und restliches Mandelöl in ein feuerfestes Glas geben und schmelzen lassen.
Vom Herd nehmen und die Himbeer-Mandelölpaste unterrühren. Weiterrühren, bis der Himbeer-Lippenbalsam schon leicht einzieht, danach in kleine Döschen abfüllen.
Anschließend in den Kühlschrank stellen und für einige Stunden abkühlen lassen. So verhindert man, dass die Sheabutter krisselig wird.
Haltbarkeit: etwa 3 bis 4 Monate

Himbeer-Lippenbalsam

Fruchtige Lippenpflege

Getrocknete Himbeeren schmecken nicht nur im Müsli oder im Früchtetee, sondern zaubern eine schöne Farbe auf die Lippen. Der Lippenbalsam ist zum Abfüllen in kleine Döschen gedacht. Wenn man ihn lieber in Lippenstift-Hülsen abfüllen möchte, dann verwendet man die doppelte Menge an Bienenwachs.

Man benötigt:

- 2 g getrocknete Himbeeren
- 1 g Bienenwachs
- 5 g Sheabutter
- 11,5 g Mandelöl
- (optional) 5 Tropfen ätherisches Vanilleöl *(Vanilla planifolia)*
- kleine Döschen
- Alkohol zum Desinfizieren

Man benötigt:

- 100 g Birkenzucker (Xylit)
- 10 g Himbeerpulver (siehe Lippenbalsam Seite 142 f.)
- Silikonformen und Stäbchen

Himbeerlollies

Naschen erlaubt

Getrocknete Himbeeren lassen sich gut pulverisieren und zu vielen Produkten weiterverarbeiten. Kombiniert man dieses Pulver mit Birkenzucker (Xylit), entstehen im Handumdrehen Lollis mit intensivem Himbeergeschmack. Studien zeigen, dass Birkenzucker sogar die Zahngesundheit verbessern kann und vorbeugend gegen Karies wirkt. Natürlich sollte er nur in Maßen genossen werden.

So wird's gemacht:
Silikonformen mit den Lolli-Stäbchen vorbereiten. Birkenzucker in einen Topf geben und erhitzen, bis er schmilzt. Vom Herd nehmen, etwas überkühlen lassen und das Himbeerpulver löffelweise unterrühren. Ist der Zucker noch zu heiß, wird das Himbeerpulver schnell braun.
Anschließend die Masse sofort in die Silikonformen füllen. Für mehrere Stunden durchtrocknen lassen.
Haltbarkeit: etwa ein halbes Jahr

Kirschen

Von Rot bis fast Schwarz findet man sie im Sommer. Fruchtig und nach Sonne schmeckend, versüßen sie uns die heißen Tage. Die wilde Form, auch Vogelkirsche genannt, ist etwas herber und bitterer im Geschmack.

Ihr Vorkommen in Europa ist dem römischen Feldherren Lucullus zu verdanken, der die Kirsche im ersten Jahrhundert vor Christi nach Italien brachte. Nicht umsonst steht sein Name auch für den Begriff „lukullischer Genuss“, denn er war bekannt für seine üppigen und extravaganten Tafelfreuden. Heute werden Kirschen in gemäßigtem Klima kultiviert. Wichtige Länder für den Anbau sind die Türkei, USA und Italien.

In Japan wird die Kirsche und vor allem die wunderschöne, rosafarbene Kirschblüte besonders verehrt. Aber auch im antiken Griechenland und in Rom wurden Kirschen als

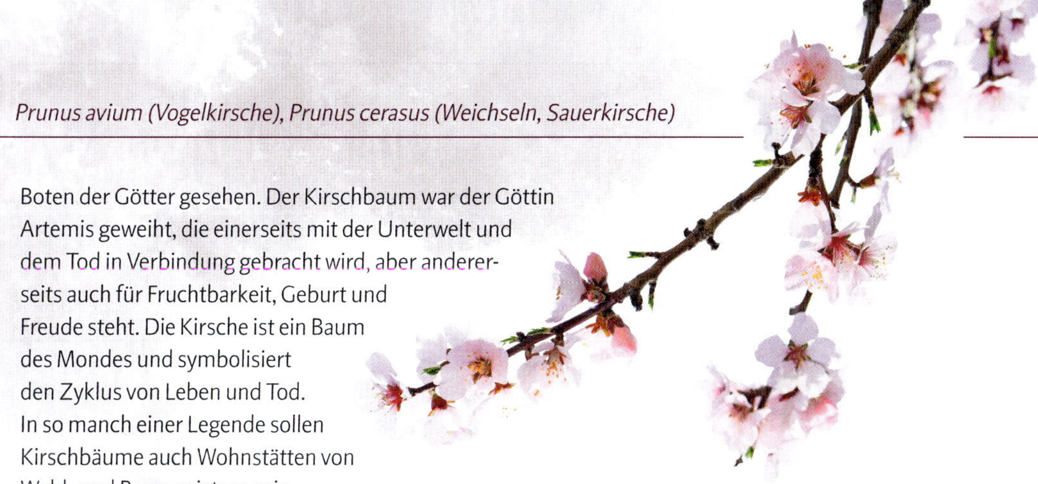

Boten der Götter gesehen. Der Kirschbaum war der Göttin Artemis geweiht, die einerseits mit der Unterwelt und dem Tod in Verbindung gebracht wird, aber andererseits auch für Fruchtbarkeit, Geburt und Freude steht. Die Kirsche ist ein Baum des Mondes und symbolisiert den Zyklus von Leben und Tod. In so manch einer Legende sollen Kirschbäume auch Wohnstätten von Wald- und Baumgeistern sein.

Im Christentum galt die Frucht als unrein, da sie für die Liebe und Leidenschaft steht. Es verhieß nichts Gutes, wenn ein junges Mädchen mit Kirschen in Verbindung gebracht wurde. Wurde eine ledige Frau Mutter, so sagte man, „sie ist zum Kirschbaum geworden."

Kirschen schmecken hervorragend in Kuchen, Torten, Strudeln und vielen anderen Süßspeisen. Zum Kompott, Saft oder Marmelade verarbeitet, konservieren sie den Sommer für längere Zeit. Allerdings sind sie leicht verderblich und können nicht lange gelagert werden, im Kühlschrank nicht länger als zwei bis drei Tage. Sie sollten möglichst reif geerntet werden, da sie nicht mehr nachreifen. Kauft man Kirschen, ist darauf zu achten, dass sie eine glänzende Fruchthaut aufweisen. Ihre Stiele sollten noch grün und glatt sein. Auch zum Einfrieren eignen sich die Früchte sehr gut: Damit sie nicht zusammenkleben, friert man sie am besten auf einem Tablett vor.

Das können die prallen Früchte

Die saftigen Früchte enthalten viele Mineralstoffe und Spurenelemente: Dazu zählen Kalium, Magnesium, Calcium, Eisen und Zink. Auch viele Vitamine der B-Gruppe, Vitamin C und Folsäure sind in der Kirsche zu finden. Eisen und Folsäure werden zur Blutbildung benötigt, daher dürfen schwangere Frauen und Kinder bei Kirschen oder Kirschsaft gerne zugreifen.

Die rote bis fast schwarze Farbe der Früchte zeugt vom hohen Gehalt an Anthocyanen. Diese wirken entzündungshemmend und können Schmerzen bei Rheuma und Gicht lindern.

Auch für unsere Schönheit sind Kirschen ein wahrer Jungbrunnen: Sie liefern mit Kieselsäure, Magnesium und anderen Mineralstoffen den Grundstein für ein straffes Bindegewebe und fördern eine gesunde Haut und schöne Haare.

Man benötigt:

- 200 g entkernte Kirschen (süß oder sauer)
- 60 g Kandiszucker
- 450 g Korn
- Abrieb einer halben Tonkabohne
- Zesten einer halben Bio-Zitrone

Kirschlikör

Oldie but Goldie

Ein Gläschen Kirschlikör durfte früher nie fehlen. Heute ist er ein bisschen aus der Mode gekommen, obwohl er doch so lecker schmeckt. Daher darf dieses Rezept ruhig wieder „ausgegraben“ werden. Wer ihn etwas säuerlicher haben möchte, verwendet dazu Sauerkirschen. Nach der Reifezeit können die abgeseihten Kirschen sehr gut zum Backen verwendet werden.

So wird's gemacht:
Kandiszucker und Kirschen in ein Glas füllen. Tonkabohnenabrieb und Zitronenzesten ebenso hinzufügen. Mit dem Korn auffüllen und für etwa 6 bis 8 Wochen ziehen lassen. Anschließend filtern und in Flaschen füllen.

Haltbarkeit: mehrere Jahre

So wird's gemacht:
Alle Zutaten im Mixer zu einer Paste vermengen. Anschließend auf Gesicht und Dekolleté verteilen und für etwa 15 Minuten einwirken lassen. Anschließend mit warmem Wasser abspülen.
Haltbarkeit: sofort verbrauchen

Pflegende Kirschmaske

Für zarte Haut

Kirschen sind ein wahrer Jungbrunnen für unsere Haut. Die Pflanzenfarbstoffe, Vitamine und Mineralien machen sie zu einem gesunden Snack – sowohl innerlich als auch äußerlich. Die pflegende Maske besteht aus wertvollen Zutaten wie Honig oder Rosenwasser. Dabei ist Naschen erlaubt, denn sie schmeckt auch köstlich!

Man benötigt:

- 6 Kirschen
- 1 EL Topfen
- 1 TL Honig
- 1 TL Rosenwasser
- 1 TL Haferkleie

Man benötigt:

- Kirschstiele
- heißes Wasser

Tee aus Kirschstielen

Ein altes Hausmittel

Nicht nur die Frucht selbst, sondern auch die Stiele der Kirschen haben eine Heilwirkung! Daher sollte man sie nicht achtlos wegwerfen, lieber trocknen und für den nächsten Tee aufbewahren. Sie werden in der Volksmedizin bei Husten und Bronchitis verwendet, aber auch zur Durchspülung der Niere und der Harnwege. Sie sind auch wertvoll bei Entschlackungskuren und bei Harnwegsinfekten. Wichtig ist, dass die Stiele gut getrocknet werden, damit sie keinen Schimmel ansetzen.

So wird's gemacht:
Die Stiele auflegen und immer wieder wenden, damit sie komplett trocken sind. Erst dann in Papierbeutel oder Gläser füllen.
Für eine Tasse Tee einen Teelöffel der Stiele zerkleinern und mit heißem Wasser übergießen. Zugedeckt etwa 10 Minuten ziehen lassen. Abseihen und schluckweise trinken.
Haltbarkeit: getrocknete Stiele etwa ein Jahr

Kirschkernkissen

Für entspannende Tiefenwärme

Die Kerne der Kirschen fallen normalerweise als Abfall an. Dabei lohnt es sich, sie zu reinigen und für ein Kissen zu verwenden. Denn die Kerne können Wärme lange speichern und geben sie kontinuierlich über einen längeren Zeitraum ab. Dies wirkt besonders wohltuend bei Verkrampfungen und Muskelverhärtungen. Auch Babys und kleine Kinder profitieren bei Bauchschmerzen von der wohligen Wärme. Ins Eisfach gelegt, wird ein kühlendes Kissen daraus.

So wird's gemacht:
Die Kirschkerne grob vorreinigen. Danach in einen Topf geben und in Wasser für etwa 10 Minuten kochen lassen, um das restliche Fruchtfleisch zu entfernen. Anschließend auflegen und mehrere Tage durchtrocknen lassen.
Stoffstücke rechts auf rechts legen und drei Seiten mit einer Nahtzugabe von etwa 2 cm zusammennähen.
Nun den Kissenbezug umdrehen und die Kerne einfüllen, je nach gewünschter Menge zwischen 300 und 500 g. Anschließend das Kissen zunähen.
Zur Verwendung das Kissen im Backrohr für etwa 10 Minuten bei 90 °C erwärmen. Vor der Anwendung die Wärme unbedingt nochmals überprüfen!

Man benötigt:

- 300 bis 500 g Kirschkerne
- 2 Baumwoll- oder Leinenstoffstücke zu je 22 x 34 cm
- Nähgarn, Nadel und Nähmaschine

Marillen /Aprikosen

Marillen, auch Aprikosen genannt, gehören zu den Rosengewächsen. Ihr lateinischer Name *armeniaca* deutet auf ihre Herkunft in Armenien hin. Dabei hatten sie davor schon eine längere Reise hinter sich, denn Alexander der Große brachte sie im 4. Jahrhundert v. Chr. von Asien in den Mittelmeerraum.

Heute werden Marillen vor allem in der Türkei angebaut. Etwa 95 Prozent der in europäische Länder importierten Früchte stammen aus der türkischen Provinz Malataya. In Österreich ist die Wachauer Marille jedem ein Begriff und ist seit 1995 sogar eine geschützte Ursprungsbezeichnung. Dabei hat die Region den Marillenanbau einer Reblaus zu verdanken: Nachdem in den 1920er-Jahren ein Großteil der Wachauer Weinstöcke durch die Reblaus zerstört wurde, kam man auf der Suche nach Alternativen auf die Marille.

(Prunus armeniaca)

Mit einem zarten Flaum sind die orangenen Früchte umgeben. Eine Naht, die vom Stiel bis zum Stempel verläuft, teilt sie in zwei Hälften. Wichtig ist, dass Marillen möglichst reif geerntet werden, da sie kaum mehr nachreifen. Nur so schmecken sie süß und aromatisch und munden uns, frisch genossen oder auch in Süßspeisen oder zu pikanten Gerichten verarbeitet, besonders gut.

Die Kerne der Marillen enthalten im Inneren eine kleine Mandel, die für ein alternatives Marzipan, das Persipan, gebraucht werden. Teilweise werden Marillenkerne auch zur Herstellung von Amaretto verwendet. Dabei ist darauf zu achten, dass nur Kerne von veredelten Sorten benutzt werden, da bei Wildaprikosen der Kern Amygdalin, eine Blausäureverbindung, enthält.

Nach der Ernte sollten Marillen nicht zu lange gelagert werden. Sie reagieren empfindlich auf Druck und sollten daher möglichst sanft transportiert werden.

So wirkt die samtig weiche Frucht

Die orangene Farbe deutet schon auf die enthaltenen Carotine, das Provitamin A, hin. Daher sind Marillen wahre Augenpfleger, da die Carotine die Zellen in der Netzhaut stärken. Dies wirkt sich besonders gut auf Menschen aus, die in der Dämmerung oder in der Nacht nicht mehr so gut sehen.

Viele wünschen sich eine solch samtig weiche und zarte Haut wie die der Marillen. Nicht umsonst gelten die Früchte in China als ein Zeichen von Jugend und Fruchtbarkeit. Die enthaltenen Inhaltsstoffe wie Carotine, Vitamine der B-Gruppe, Kalium und Calcium sorgen von innen für ein schönes Hautbild. Sie liefern einen rosigen Teint und stärken Nägel und Haare.

Man benötigt:

- 300 g weiche Marillen
- 80 g Senfkörner
- 40 g brauner Zucker
- Mark einer 1/2 Vanilleschote
- 2 EL Honig
- 200 g heller Balsamico
- 2 TL Salz

Marillensenf

Süß und pikant

Marille kann nicht nur süß, sie schmeckt auch pikant äußert delikat. Der süß-scharfe Senf ist aromatisch und passt gut zur Käseplatte. Er verfeinert aber im Sommer auch das Gegrillte, ob Fleisch oder Gemüse. Im Winter harmoniert der Senf gut mit Gans und Wild.

So wird's gemacht:
Senfkörner in der Kaffeemühle fein mahlen und zur Seite stellen. Marillen würfeln und gemeinsam mit Salz, Zucker, Honig und dem Vanillemark in einem Topf vermischen und für etwa 15 Minuten ziehen lassen.
Anschließend Balsamico hinzugeben, erhitzen und weichkochen. Vom Herd nehmen und alles fein pürieren. Danach die Senfkörner unterrühren und in Gläser abfüllen. Für etwa 2 bis 3 Wochen im Kühlschrank reifen lassen, danach kann der Senf genossen werden.
Haltbarkeit: kühl gelagert etwa 3 bis 4 Monate

Marillen-Thymian-Limonade

Erfrischt und schmeckt

So wird's gemacht:
Marillen entkernen und vierteln. Danach mit den ganzen Thymianzweigen in einen Topf geben. Weinsäure, den Abrieb der Bio-Zitrone und Wasser hinzugeben und etwa 45 Minuten köcheln lassen. Die Marillen sollen danach weich sein und zerfallen. Anschließend den Thymian-Marillensud durch ein Sieb drücken und die Thymianzweige entfernen. Nun den Zucker in die Flüssigkeit geben und nochmal kurz erwärmen, damit er sich gut löst. Jetzt kann die Limonade abgefüllt und genossen werden.
Haltbarkeit: wenige Tage im Kühlschrank

Marillen und Thymian passen einfach gut zusammen. Das Liebliche wird mit dem eher stark aromatischen Küchenkraut kombiniert, beide ergänzen sich wunderbar. Die Limonade hat durch den Thymian einen leicht herben Geschmack und wirkt dadurch besonders erfrischend. Mit etwas Wasser aufgespritzt ist sie an heißen Sommertagen ein willkommener Durstlöscher. Aber auch als Zutat für Cocktails ist sie nicht zu verachten.

Man benötigt:

- ❄ 500 g Marillen
- ❄ einige Thymianzweige
- ❄ 1 TL Weinsäure
- ❄ Abrieb einer Bio-Zitrone
- ❄ 1 l Wasser
- ❄ 150 g Zucker

Man benötigt:

- 500 g Marillen
- 70 g Honig
- Mark 1 Vanilleschote

Marillen-Fruchtleder

Süßer Fruchtgenuss

Marille pur – so kann man das Fruchtleder beschreiben. Dabei handelt es sich um konzentriertes Fruchtmark, dem durch Trocknen das Wasser entzogen wird. Eine schöne Konservierungsmethode, um den Fruchtgeschmack länger haltbar zu machen. So können saisonale Früchte ganz einfach in eine gesunde Nascherei verwandelt werden.

So wird's gemacht:
Marillen pürieren und mit dem Honig und dem Vanillemark vermischen. Die Masse gleichmäßig auf einem Backpapier verteilen und im Ofen bei etwa 40 °C einige Stunden trocknen lassen. Alternativ kann man das Fruchtleder auch auf einer geeigneten Matte im Dörrapparat trocknen lassen. Das Fruchtleder ist fertig, wenn es nicht mehr klebrig ist und sich leicht vom Backpapier lösen lässt. Anschließend kann es in Streifen geschnitten und aufgerollt werden. In Dosen verschlossen aufbewahren.
Haltbarkeit: mehrere Monate

So wird's gemacht:
Marillen entkernen und in Würfel schneiden. Thymianzweige zu den Marillen geben. Gelierzucker hinzufügen und alles gut vermengen. Für etwa 2 bis 3 Stunden ziehen lassen, anschließend die Zweige entfernen. Masse aufkochen lassen, sprudelnd etwa 5 Minuten kochen lassen. Gelierprobe machen, anschließend in vorher sterilisierte Gläser füllen.
Haltbarkeit: 6 bis 8 Monate

Marillen-Thymian-Marmelade

Der Klassiker

Marillenmarmelade ist ein absoluter Klassiker und darf nie fehlen. Egal ob aufs Butterbrot, den frischen Brioche oder etwas später als Füllung der Weihnachtskekse. Eingekocht schmecken die süßen Früchte besonders gut und mit dem Thymian bekommen sie eine feine, leicht herbe Nuance, die ausgezeichnet dazu passt.

Man benötigt:

- 1 kg Marillen
- 1 kleine Handvoll ganze Thymianzweige
- 500 g Gelierzucker 2:1

Man benötigt:

- 70 g Marillen
- 100 g Mandel- oder Aprikosenkernöl
- 1 kleine Handvoll Ringelblumenblüten
- 50 g Sheabutter
- Alkohol zum Desinfizieren

Marillen-Bodybutter

Zarter Hautschmeichler

Die fruchtigen Marillen pflegen unsere Haut nicht nur von innen: Die zarte Marillen-Bodybutter ist ein wahrer Hautschmeichler und gibt der Haut auch die nötige Pflege von außen.

So wird's gemacht:
Alle Arbeitsgeräte mit Alkohol desinfizieren. Marillen und Ringelblumenblüten mixen und in ein feuerfestes Glas geben. Im Wasserbad bei mittlerer Temperatur für etwa eine Stunde ziehen lassen. Anschließend durch einen Kaffeefilter abseihen und das orange verfärbte Öl auffangen. 50 g des Marillenölauszugs zusammen mit der Sheabutter schmelzen und für etwa eine Stunde in den Kühlschrank stellen. Die Masse wie Schlagsahne mit einem Mixer aufschlagen, bis sie wunderbar fluffig wird. In Tiegel abfüllen.

Haltbarkeit: etwa 5 bis 6 Monate

Man benötigt:

- Marmeladegläser
- Marillenkerne
- Heißklebepistole
- weißer Stift

Teelichter aus Marillenkernen

Schmuck für den Tisch

Laue Sommerabende laden dazu ein, lange draußen zu sitzen und die Zeit zu genießen. Wie schön sieht es dann aus, wenn der Tisch mit hübschen Teelichtern erleuchtet wird. Aus den Marillenkernen, die sonst weggeworfen werfen, können zauberhafte Teelichter entstehen.

So wird's gemacht:
Marillenkerne von Fruchtfleischresten säubern und gut trocknen lassen. Weiße Linien oder ähnliche Ornamente auf die Kerne malen. Die Kerne mit der Heißklebepistole rund um das Marmeladeglas anbringen. Das Teelicht in das Glas stellen und den Kerzenschein genießen.

Ribiseln/Johannisbeeren

Geballte Kraft steckt in den herb-säuerlichen Früchten. Man findet hell- bis dunkelrote, weiß-gelbliche oder tiefschwarze Beeren. Die stachellosen Sträucher können je nach Sorte bis zu zwei Meter hoch werden. Die Früchte wachsen wie kleine Trauben an den Stauden. Ihren deutschen Namen haben sie vom Johannistag, denn rund um den 24. Juni werden die Früchte in der Regel reif. In Österreich und Bayern sind sie auch unter der Bezeichnung „Ribiseln" bekannt.

Wildformen der Ribiseln findet man nur noch selten, sie wachsen in Gebüschen und Auwäldern und bevorzugen einen feuchten, nährstoffreichen Boden. Aber auch im eigenen Garten gedeihen sie prächtig und sorgen im Sommer für Vitaminbomben direkt vor der eigenen Haustüre. Die leckeren Beeren schmecken unmittelbar vom Strauch gegessen am besten.

Ansonsten lagert man sie im Kühlschrank, locker und vorsichtig aufgelegt. Die Stiele lässt man an den Früchten, da dies die Lagerfähigkeit erhöht. Nach drei bis vier Tagen sollte man sie aber weiterverarbeiten. Um ein Verklumpen zu verhindern, kann man sie auch vorfrieren, um sie zu einem späteren Zeitpunkt zu verwenden.
Durch ihren hohen Gehalt an Fruchtsäuren haben sie eine konservierende Eigenschaft und eignen sich daher sehr gut zur Herstellung von Säften, Marmeladen oder anderen Köstlichkeiten.

Kleine Beere, große Wirkung

Mit nur etwa 33 kcal pro 100 g haben Ribiseln einen sehr geringen Energiegehalt, liefern aber dennoch viele Vitamine und Mineralstoffe. Besonders die Schwarze Johannisbeere steht hier im Vordergrund, sie weist einen viermal höheren Vitamin-C-Gehalt als Zitrusfrüchte auf. Die tiefschwarze Farbe zeugt von den darin enthaltenen Anthocyanen, die unsere Zellen stärken und verjüngen. Außerdem enthalten sie viel Eisen und Folsäure, welche die Blutbildung anregen. Das Vitamin C, welches zur besseren Aufnahme von Eisen benötigt wird, wird in der Frucht praktischerweise gleich mitgeliefert.

Der vitaminreiche Saft ist in der Grippezeit ein wahrer Segen und kann so manche Erkältung mildern. Auch der Name Gichtbeere kommt nicht von irgendwo her: Der hohe Anteil an Kalium wirkt entwässernd, und Flavonoide wirken entzündungshemmend. Daher zahlt sich eine Kur mit den wohlschmeckenden Beeren bei Rheuma und Gicht aus.
Wer sich immer sehr konzentrieren muss, der profitiert von der Johannisbeere ebenso. Außerdem beruhigt sie die Nerven, ist also ein wahrer Glücksgriff in unserer schnelllebigen und hektischen Zeit!

Man benötigt:

- 1 EL Aloe-vera-Gel
- 1 EL Schwarze oder Rote Ribiseln
- 1 TL Honig

Johannisbeeren-Aloe-vera-Maske

Der Frischekick

Diese Maske ist ein wahrer Jungbrunnen für die Haut. Der hohe Vitamin-C-Gehalt, Anthocyane und viele weitere Inhaltsstoffe sind nicht nur für unseren Körper gut, sondern auch für unsere Haut. Aloe vera, die zellregenerierend wirkt, versorgt die Haut mit viel Feuchtigkeit. Und der Honig rundet die Maske ab und sorgt für einen entzündungshemmenden und beruhigenden Effekt.

So wird's gemacht:
Johannisbeeren und das Aloe-vera-Gel in einem Mixer fein zerkleinern. Den Honig untermischen und sofort auf Gesicht und Dekolleté verteilen. Etwa 10 bis 15 Minuten einwirken lassen. Danach mit warmem Wasser abwaschen.

Haltbarkeit: sofort verbrauchen

So wird’s gemacht:
Beeren anquetschen und in ein weithalsiges Glas füllen. Rosmarin zerkleinern und gemeinsam mit den Lavendelblüten hinzufügen. Mit dem Alkohol übergießen und für etwa 4 Wochen an einem hellen, aber nicht vollsonnigen Platz ziehen lassen. Anschließend abseihen und in Flaschen füllen.
Haltbarkeit: mindestens 1 Jahr

Johannisbeeren-Tinktur

Ein guter Immunschutz

Ribiseln schmecken erfrischend lecker und sind Powerbeeren für unsere Gesundheit. Möchte man länger etwas von ihnen haben, so erstellt man die kräftige Tinktur, die mit Rosmarin und Lavendel die perfekte Ergänzung gefunden hat. Tropfenweise zur Immunstärkung oder bei einer Erkältung eingenommen, tut sie uns gut. Oder aber auch in Kosmetik eingearbeitet, zeigt sie ihre zellschützende Wirkung.

Man benötigt:

- 50 g Ribiseln
- 100 g Alkohol 50 Vol.-%
- 2 Rosmarinzweige
- 1 EL Lavendelblütenn

Man benötigt:

- 2 g Johannisbeeren-Glycerite (Herstellung wie Heidelbeeren-Glycerite, S. 126 f.)
- 23,7 g Lavendelblütenhydrolat
- 0,3 g Hyaluronsäure
- 4 g Johannisbeeren-Tinktur (siehe S. 180 f.)
- Alkohol zum Desinfizieren
- Tiegel zum Abfüllen

Johannisbeeren-Hyaluron-Pflege

Für strahlende Haut

Für diese intensive Pflege werden die dunklen Johannisbeeren in Glycerin (wie auf Seite 126 beschrieben) ausgezogen. Man verwendet dafür 30 g Beeren und 70 g Glycerin. Neben dem hautbefeuchtenden und vitaminspendenden Glycerite wird noch Hyaluron verwendet. Dies ist ebenso ein natürlicher Bestandteil unserer Haut, welcher Feuchtigkeit bindet und für ein feines Hautbild sorgt. Dabei findet man im Handel meist verschiedene Größen des weißen Pulvers zu kaufen, hochmolekulare und niedermolekulare Hyaluronsäure. Je kleiner das Hyaluronmolekül ist, desto besser kann es in die Haut eindringen und desto länger wirkt es auch.

So wird's gemacht:
Den Arbeitsplatz und alle Arbeitsgeräte mit Alkohol desinfizieren.
Lavendelblütenhydrolat, Tinktur und Glycerite in ein Glas füllen und verrühren. Hyaluronsäure abwiegen und über die Flüssigkeit streuen, dabei nicht umrühren. Das Glas abdecken und für etwa zwei Stunden in den Kühlschrank stellen. Das Hyaluron zieht nun in die Flüssigkeit ein und bindet das Ganze zu einem Gel. Anschließend abfüllen.
Haltbarkeit: etwa 6 bis 8 Wochen

So wird's gemacht:
Zwiebel klein schneiden und in einem Topf mit dem Sonnenblumenöl glasig dünsten. Apfel in Würfel schneiden und zu den Zwiebeln geben. 2 EL des Zuckers hinzugeben und karamellisieren lassen. Essig und Saft vermischen und die Apfel- und Zwiebelwürfel damit ablöschen.
Nun die Johannisbeeren und den klein gehackten Rosmarin hinzugeben und für etwa 15 Minuten bei mittlerer Hitze leicht köcheln lassen. Dabei die Beeren mit einem Löffel leicht andrücken. Zum Schluss mit Honig, Salz, Pfeffer und Zimt abschmecken und noch heiß in Gläser füllen.
Haltbarkeit: etwa ein halbes Jahr

Johannisbeeren-Rosmarin-Chutney

Fruchtig und pikant

Den Ursprung von Chutneys findet man in Indien, wo sie häufig aus Kokosfleisch, Gewürzen und Kräutern hergestellt werden. Bei uns findet man viele fruchtige Varianten, die so etwas wie eine pikante Marmelade sind. Sie schmecken hervorragend zu Fleischgerichten, geben Currys das gewisse Etwas oder machen die Käseplatte vollständig. Aber auch ein Löffel Chutney im Burger oder im Sandwich schmeckt fantastisch!

Man benötigt:

- 250 g Ribiseln
- 1 Apfel
- 1 rote Zwiebel
- 1 Zweig Rosmarin
- 2 EL Honig
- 60 g Apfel- oder Weinessig
- 3 EL Ribisel- oder Apfelsaft
- 100 g brauner Zucker
- 1 EL Sonnenblumenöl
- Salz, Pfeffer, Prise Zimt

Man benötigt:

- 1 kg Beeren (Ribiseln, Heidelbeeren, Holunder oder ähnliche)
- 150 ml Wasser
- 3–4 EL Zucker
- 2 Töpfe
- Passiertuch, Sieb
- mehrere kleine Flaschen

Dunkler Anti-Aging-Saft

Beerenkraft pur

In Ribiseln sind viele Anthocyane zu finden. Sie zählen zu den Pflanzenfarbstoffen und geben ihnen ihre rote, violette, blaue oder schon fast schwarze Farbe. Für uns dienen sie als Antioxidantien, die freie Radikale bekämpfen und neutralisieren. So schützen sie unseren Körper vor oxidativem Stress. Mit einer Portion Beerenkraft, aber auch anderem Obst und Gemüse stärken wir ganz nebenbei das Immunsystem und pflegen unsere Zellen und halten sie jung! Wer einen Dampfentsafter zu Hause hat, nutzt am besten diese Möglichkeit. Ansonsten kann man, wie beschrieben, die Beeren auch im Topf entsaften.

So wird's gemacht:
Beeren und Wasser in einen Topf geben und mit geschlossenem Deckel zum Kochen bringen.
So lange kochen, bis die Beeren aufplatzen und der Saft austritt.
Einen weiteren Topf bereitstellen. Das Passiertuch in das Sieb legen und dieses in den Topf stellen. Die Beeren hineingeben und am besten über Nacht abtropfen lassen. Den Saft am nächsten Tag mit dem Zucker aufkochen und heiß in Flaschen füllen. Damit der Saft mit wenig Zucker möglichst lange hält, sollte er in kleine Flaschen gefüllt werden.
Haltbarkeit: etwa ein halbes Jahr, nach Aufbruch der Flasche innerhalb von 10 Tagen konsumieren.

Weintrauben

Weintrauben gehören zur Familie der Weinrebengewächse, wobei die Traube den Fruchtstand der Weinrebe bildet. Die einzelnen runden Früchte bezeichnet man als Weinbeeren.

Die säuerlichen Früchte mögen Wärme und Sonne. Grundsätzlich unterscheidet man zwischen Tafeltrauben, die weniger Säure und Gerbstoffe enthalten und zum Verzehr angebaut werden, und den Keltertrauben, die zur Weinherstellung verwendet werden.
Dabei gibt es etwa 60 Weintraubenarten und zehntausende Sorten. Sie sind nach den Zitrusfrüchten das meistgeerntete Obst weltweit. Europa ist ein großes Weinanbaugebiet und liefert in etwa die Hälfte der weltweit produzierten Trauben. Davon werden etwa 85 Prozent der Früchte zu Wein verarbeitet, 10 Prozent sind Tafeltrauben und 5 Prozent werden zu Rosinen.

(Vitis vinifera)

Der Weinanbau hat eine lange Geschichte. Wein wurde als ein Getränk der Götter angesehen und in vielen Kulturen verehrt. Viele Legenden und Sagen gibt es um den Wein: So wurde er bei den Griechen Dionysos gewidmet, bei den Römern Bacchus, und im alten Ägypten war es Osiris. Teilweise wurde er auch als Grabbeigabe mitgegeben. Symbolisch steht er für das Blut – im Christentum steht er für das Blut Christi.

Beim Einkauf von Weintrauben sollte man darauf achten, dass die Früchte noch schön prall sind und der Stängel eine grüne Farbe besitzt. Im Kühlschrank sind die Trauben nur wenige Tage haltbar.

So gesund sind Weinbeeren

Früher schätzten die Menschen besonders den Wein, der aus den Trauben hergestellt wurde.

So sagte Hippokrates, dass das erste Glas Wein für die Gesundheit sei, das zweite für die Fröhlichkeit, das dritte für den guten Schlaf und jedes weitere eine Gefahr. Wie bei allem, macht die Dosis das Gift – so auch beim Wein. Trinkt man hin und wieder ein Gläschen, so ist Rotwein zu bevorzugen, da er Anthocyane enthält, die wiederum sehr positiv für unsere Zellen sind.

Frische Trauben enthalten viele Ballaststoffe, die den Darm in Schwung bringen. Auch der hohe Wasseranteil wirkt verdauungsfördernd. Durch das enthaltene Mangan wird den Früchten eine Rolle bei der Bildung von Schilddrüsenhormonen zugesprochen. Außerdem ist Mangan nötig zum Aufbau von Knochen und kann so Osteoporose vorbeugen.

In den roten Traubenschalen und in den Kernen stecken allerlei wertvolle Stoffe wie Resveratrol und Quercetin, die zur Gruppe der Flavonoide gehören. Quercetin wirkt vor allem entzündungshemmend und hat eine positive Wirkung auf die Blutgefäße.

Man benötigt:

- 1,5 kg Trauben
- 100 g Rohrzucker
- 500 g Gelierzucker 2:1
- Mark einer Vanilleschote
- etwas Zimt
- Abrieb einer halben Bio-Orange

Traubengelee

Fruchtiger Brotaufstrich

Weinbeeren schmecken etwas säuerlich, dennoch kann man sie sehr gut zu Gelee verarbeiten. Dazu werden sie im Ofen karamellisiert, so entwickeln sie ein ganz feines Aroma. Gerade in Jahren, in denen die Rebstöcke viele Früchte tragen, lohnt es sich, das Gelee auszuprobieren. Es schmeckt hervorragend zu frischen Brötchen, aber auch zur Käseplatte!

So wird's gemacht:

Trauben auf zwei Auflaufformen verteilen und mit dem Zucker bestreuen. Im vorgeheizten Backrohr bei etwa 180 °C etwa 40 bis 45 Minuten backen.

Aus dem Ofen nehmen, abkühlen lassen und durch die Flotte Lotte (Passiersieb) treiben.

Das Mus mit den Gewürzen, den Orangenschalenabrieb sowie dem Gelierzucker aufkochen.

Kurz köcheln lassen, Gelierprobe machen und in vorher sterilisierte Gläser füllen.

Haltbarkeit: etwa 6 bis 8 Monate

So wird's gemacht:
Trauben in eine Auflaufform geben und mit dem Zucker bestreuen. Im vorgeheizten Backrohr bei etwa 180 °C etwa 40 bis 45 Minuten backen.
Aus dem Ofen nehmen, abkühlen lassen und durch die Flotte Lotte (Passiersieb) treiben.
Walnusskerne in einer Pfanne mit dem Honig karamellisieren.
Die passierten Trauben, die Walnusskerne und den Orangenabrieb in ein weithalsiges Glas geben. Mit dem Rum übergießen und für etwa 4 bis 6 Wochen an einem warmen, aber nicht vollsonnigen Platz ziehen lassen.
Anschließend abseihen und in Flaschen füllen. Die Trauben-Nuss-Masse kann gut in einem Kuchen verbacken werden.
Haltbarkeit: mehrere Jahre

Trauben-Nuss-Rumlikör

Eine perfektes Trio

Trauben, Nüsse und Rumaroma passen einfach gut zusammen. Wieso sie also nicht verbinden und einen sehr feinen Rumlikör daraus machen? Ob pur genossen oder als Zutat für Desserts oder andere Süßspeisen, er ist vielseitig verwendbar und immer ein willkommenes Geschenk.

Man benötigt:

- 500 g Trauben
- 40 g Rohrzucker
- 50 g Walnusskerne
- 3 EL Honig
- 750 ml Rum
- Abrieb einer Bio-Orange

Man benötigt:

- 500 g Trauben
- 40 g Rohrzucker
- 250 ml Schlagobers
- 50 g Walnüsse
- 3 EL Honig
- Silikonformen, Eisstiele

Trauben-Honig-Eis

Für einen süßen Herbst

Wenn die Trauben reif werden, werden die Tage schon wieder kürzer. Man merkt, dass es in der Natur bald ruhiger wird. Viele Aromen gilt es jetzt noch einzufangen und auszukosten. Herbsttage sind noch oft herrlich sonnig und warm, dazu passt das Trauben-Honig-Eis perfekt.

So wird's gemacht:
Trauben in eine Auflaufform geben und mit dem Zucker bestreuen. Im vorgeheizten Backrohr bei etwa 180 °C etwa 40 bis 45 Minuten backen.
Aus dem Ofen nehmen, abkühlen lassen und durch die Flotte Lotte (Passiersieb) treiben. Mit dem Schlagobers vermischen und pürieren.
Walnusskerne in Stücke hacken und in einer Pfanne mit dem Honig karamellisieren.
Traubenmasse in Eisformen füllen, darauf die Walnusskerne verteilen.
Mehrere Stunden einfrieren.
Haltbarkeit: eingefroren mehrere Wochen

So wird's gemacht:
Petersilie klein schneiden und gemeinsam mit dem Essig und dem Wein in einen Topf geben und zum Kochen bringen. Bei geschlossenem Deckel etwa 10 Minuten lang köcheln. Anschließend den Honig hinzugeben und 10 Minuten ziehen lassen. Abseihen und noch heiß in Flaschen füllen.
Ein kleines Likörglas täglich kurmäßig einnehmen. Nicht länger als 4 bis 5 Wochen, danach wieder eine Pause machen.
Haltbarkeit: etwa ein halbes Jahr

Herzwein

Nach Hildegard von Bingen

Wein zählt zu den ältesten Getränken der Menschheit und wird schon seit Jahrhunderten als Stärkungsmittel verwendet. Die Äbtissin Hildegard von Bingen (1098–1179) stellte mit Hilfe der Trauben viele verschiedene Heilweine her. Unter anderem den Herzwein mit Petersilie. Er soll Herz- und Kreislauf stärken und für ein kräftiges Immunsystem sorgen.

Man benötigt:

- 10 Petersilienstängel, mit Blättern
- 2 EL Weinessig
- 100 g Honig
- 1 Liter Rotwein

Zwetschken und Pflaumen

Zwetschke/Zwetschge oder doch Pflaume? Im Vergleich zu den Pflaumen, Mirabellen und anderen Prunusarten hat die Zwetschke eine längliche Form und läuft am Ende spitz zusammen. Pflaumen sind hingegen rundlicher und weisen oft eine ausgeprägtere Furche, die sogenannte Fruchtnaht, auf. Auch der Zwetschkenstein ist länglicher und flacher und löst sich besser vom Fruchtfleisch als bei der Pflaume. Unter der dunklen Schale verbirgt sie ein gelblich-grünes Fruchtfleisch, welches süß und aromatisch schmeckt. Zwetschken sind mit einem weißlichen Film überzogen, eine feine Wachsschicht, auch Duftfilm genannt, die die Früchte vor dem Austrocknen schützt. Daher sollte man beim Kauf darauf achten, dass sie noch diesen Film aufweisen.

Frisch genascht, schmecken Zwetschken einfach am besten. Doch sind sie sind auch sehr beliebt als Zutat für Kuchen oder Plundergebäck – ebenso als Kompott, Marmelade oder Powidl eingekocht.

Die Früchte lassen sich auch gut lagern, gekühlt halten sie mehrere Wochen. Ohne Stein lassen sie sich auch gut einfrieren. So kann man die beliebten Zwetschkenknödel auch zu einem späteren Zeitpunkt zubereiten.

Da ein Zwetschkenbaum als Glücksbringer gilt, sollte er in jedem Garten stehen. Auch als Heiratsorakel wurde er früher genutzt: So wurden Zetteln mit den Namen der Auserwählten auf den Baum gehängt. Die Wahl fiel dann auf denjenigen, dessen Name an dem Zweig hing, der als erster blühte.

Gesunde Frucht

Zwetschken enthalten eine Vielfalt an Vitaminen und Mineralstoffen. So findet nan darin Kalium, Eisen, Magnesium, Kupfer,

Zink und B-Vitamine. Sie sind gut für unsere Nerven und fördern unsere Leistungsfähigkeit. Beta-Carotine unterstützen die Augengesundheit und Vitamin C sorgt für ein stabiles Immunsystem.

Als Verdauungsförderer haben sie sich ebenso einen Namen gemacht. Der hohe Wasseranteil sowie die darin enthaltenen Pektine stimulieren die Darmbewegung und regen die Verdauung an. Als Dörrpflaumen werden sie eingeweicht und samt Wasser bei Verstopfung zu sich genommen. Es lohnt sich also des Öfteren, Zwetschken, Pflaumen oder Dörrpflaumen zu sich zu nehmen, um seinem Darm etwas Gutes zu tun: Sie verbessern die Darmflora und helfen zu entgiften.

Man benötigt:

- etwa 3 kg vollreife Zwetschken
- 150 g Rohrzucker

Powidl

Das dunkle Gold

In Österreich ist Powidl sehr bekannt, man verwendet ihn für Füllungen, und aus dem Germknödel ist er nicht wegzudenken. Die Basis sind Zwetschken, die durch sehr langes Einkochen und mit der Zugabe von sehr wenig Zucker haltbar gemacht werden. Dies hat schon lange Tradition, da früher bei einer guten Ernte die Früchte verarbeitet werden mussten. Da wurde der Holzofen eingeheizt und über Stunden entstand dann das schwarze Gold. Eine sehr einfache Methode ist das „Einkochen“ im Backrohr!

So wird's gemacht:
Zwetschken waschen und aufschneiden. Kerne entfernen und die Früchte halbieren. Backrohr auf etwa 180 °C vorheizen. Die Zwetschken in mehrere Auflaufformen verteilen und darin zwischen 10 und
12 Stunden einkochen.
Nach den ersten Stunden mit etwas Rohrzucker bestreuen, damit er karamellisiert. Danach mit einem Kochlöffel die Früchte etwas verrühren. Anschließend brauchen die Früchte nicht mehr umgerührt werden. Sie werden mit der Zeit dunkel bis schwarz. Man sieht den Saft auslaufen, der sich über die Stunden einreduziert.
Powidl ist ein dicker, grober Fruchtaufstrich, der in Gläser gefüllt wird. Möchte man eher eine Marmelade, kocht man die Früchte nicht ganz so lange ein und füllt die Marmelade schon früher in Gläser.
Haltbarkeit: etwa 1 Jahr

So wird's gemacht:
Zwiebeln fein würfelig schneiden und im Öl anbraten. Knoblauch und Ingwer fein hacken und ebenso mitanbraten. Danach die Zwetschken in Stücke schneiden und gemeinsam mit Zucker, Essig, Chiliflocken, Salz und Zimt zu den Zwiebeln geben.
Senf- und Pimentkörner in ein Teesieb geben und mitköcheln lassen. Mit dem Portwein ablöschen und für etwa 35 bis 40 Minuten einköcheln lassen, bis die Masse eine dicke Konsistenz erreicht hat. Teesieb entfernen und die Masse pürieren. Noch heiß in eine Flasche abfüllen.
Haltbarkeit: im Kühlschrank gelagert etwa 6–8 Wochen

Zwetschken-Ketchup

Fruchtige Alternative

Ein Ketchup muss nicht nur aus Tomaten bestehen – auch Zwetschken schmecken pikant eingekocht sehr gut. Die fruchtige Variante passt hervorragend zu Gegrilltem – egal ob Fleisch oder Gemüse! Aber auch zu kräftigem Käse oder Rohkost kann dieses etwas andere Ketchup verwendet werden.

Man benötigt:

- 500 g entkernte Zwetschken
- 100 g dunkler Balsamicoessig
- 60 g brauner Zucker
- 100 g Portwein
- 1 rote Zwiebel
- 1 Knoblauchzehe
- 1 TL Senfkörner
- 4 Pimentkörner
- 1 Stück Ingwer (etwa 1 cm groß)
- Prise Zimt
- Prise Chiliflocken
- Prise Salz
- 2 EL Sonnenblumenöl

Man benötigt:

- 1 kg Zwetschken
- 1/2 l Wasser
- 1 Bio-Zitrone
- 350 g Zucker
- 1 halbe Zimtstange
- Mark einer halben Vanillestange

Zwetschkensirup

Fein und aromatisch

Zwetschken versüßen uns den Herbst und versuchen, uns den Abschied vom Sommer leichter zu machen. Vielseitig können die Früchte verwendet werden, so beispielsweise auch als aromatischer Sirup. Aufgespritzt mit Wasser ist der Sirup ein herrlicher Durstlöscher, mit Sekt oder Prosecco ein spritziger Aperitif.

So wird's gemacht:
Zwetschken waschen und Kerne entfernen. Früchte vierteln und gemeinsam mit dem Wasser in einen Topf geben. Vanillemark zusammen mit der Schote zu den Zwetschken geben. Zimtstange, Zesten und Saft der Zitrone ebenso hinzufügen.
Zum Kochen bringen und etwa 30 Minuten köcheln lassen. Vom Herd nehmen und zugedeckt etwa einen halben Tag ziehen lassen. Danach durch ein feines Sieb oder ein Mulltuch abseihen und die Zwetschken sanft auspressen. Den gewonnenen Saft mit dem Zucker aufkochen, bis er sich gelöst hat. Noch heiß in vorher sterilisierte Flaschen abfüllen.
Haltbarkeit: etwa ein halbes Jahr

Zitrusfrüchte

Süß, sauer, fruchtig – viele Aromen bieten uns die Zitrusfrüchte. Dazu zählen Zitronen, Orangen, Mandarinen, Limetten, Grapefruits und noch viele mehr. Gerade im Winter haben sie in den südlichen Ländern Saison und sind bei uns gern gesehene Vitamin-Lieferanten in der dunklen Jahreszeit.

Zitrusfrüchte haben im Inneren ein saftiges Fruchtfleisch und sind von einer Schalenschicht umgeben. Diese weist artspezifische ätherische Öle auf. Die duftenden Früchte üben eine starke Faszination auf die Menschen aus, und so werden besondere Exemplare schon seit Jahrhunderten gesammelt. Im 16. Jahrhundert war dies in den gehobenen Kreisen Italiens sehr verbreitet. Eine der wohl schönsten und umfangreichsten Sammlungen soll die der Familie Medici gewesen sein. Im Barock und Rokoko hielten sogenannte Orangerien Einzug an den europäischen Höfen.

Zitruspflanzen waren in dieser Zeit ein begehrtes Sammlerobjekt und wurden in prächtigen Gewächshäusern zur Schau gestellt.

Die bekanntesten Früchte sind hierzulande Zitronen und Orangen. Dabei stammen erstere vermutlich aus dem Norden Indiens. Nach Sizilien kam sie im 13. Jahrhundert mit arabischen Eroberern. Die Orange stammt aus China, wo sie bereits vor 4 000 Jahren kultiviert wurde. Alexander der Große brachte sie im 4. Jahrhundert v. Chr. nach Rom. Orangen sind weltweit die am häufigsten kultiviertesten Zitrusfrüchte – 85 Prozent davon werden zu Saft verarbeitet.

Zitrusfrüchte mögen keine Kälte, daher sollten sie nicht im Kühlschrank aufbewahrt werden. Grapefruits und Zitronen fühlen sich zwischen 10 und 14 °C wohl, Orangen und Mandarinen lagert man am besten

zwischen 6 und 9 °C. Wichtig: Vor der Verwendung immer gründlich waschen, da sie für den Transport häufig mit Konservierungsmitteln besprüht werden.

Das können Zitronen und Orangen

Zitronen und auch Orangen sind bekannt für ihren hohen Gehalt an Vitamin C. So stärken sie vor allem in der kalten Jahreszeit unser Immunsystem und mobilisieren unsere Abwehrkräfte. Sie enthalten außerdem Vitamin B1, das die Nerven stärkt, und Vitamin B2, das für gesunde Haut sorgt. Viele Mineralstoffe runden den gesundheitlich wertvollen Aspekt ab.

In der Kosmetik wird verdünnter Zitronensaft bei großporiger Haut angewendet. Den Haaren gibt er nach einer Spülung wieder Glanz. Auch im Haushalt kommt Zitronensaft beim Entkalken oder Entfernen von Flecken zum Einsatz.

Man benötigt:
(Für das Orangen-Tonka-Öl):

- Schale einer Bio-Orange
- 1/2 Tonkabohne
- 100 ml Sonnenblumenöl
- Alkohol zum Desinfizieren

(Für die Badetaler):

- 100 g Natron
- 50 g Zitronensäure
- 30 g Maisstärke
- 30 g Milchpulver
- 35 g Orangen-Tonka-Öl
- 15 g Kakaobutter
- 10 Tropfen Sanddornfruchtfleischöl
- Silikonformen

Orangen-Badetaler

Der Gute-Laune-Macher

Die Schale der Orange steckt voller Aromen, die wir für uns nutzen können. Die ätherischen Öle lassen sich gut in fettem Öl lösen, und so erhält man ein pflegendes und noch dazu sehr fein riechendes Pflegeprodukt. Zudem sorgen Zitrusöle für gute Laune – mit den sprudelnden Badetalern kann das Badevergnügen kommen. Das restliche Öl kann als Körperöl verwendet werden.

So wird's gemacht:

Alle Arbeitsgeräte mit Alkohol desinfizieren.

Für das Orangen-Tonka-Öl die Schale der Orange sowie die Tonkabohne reiben.

Orangenschale, Tonkabohnenpulver und Öl in ein hitzebeständiges Glas geben und im Wasserbad bei mittlerer Hitze für etwa eine halbe Stunde ausziehen lassen. Temperatur ausschalten und etwa einen halben Tag stehen lassen. Nochmals kurz erhitzen, durch einen Kaffeefilter abseihen, in Flaschen füllen oder gleich weiterverwenden.

Für die Badetaler Natron, Zitronensäure, Maisstärke und Milchpulver in einer Schüssel vermischen. Kakaobutter leicht erwärmen, sodass sie schmilzt. Gemeinsam mit dem Orangen-Tonka-Öl und dem Sanddornfruchtfleischöl zu den trockenen Zutaten geben und alles gut vermischen. Dabei soll ein sandiger Teig entstehen, den man gut in die Silikonformen füllen kann. Ist er zu nass, noch etwas Stärke oder Milchpulver hinzufügen. Sollte er zu trocken sein, kann noch etwas Orangen-Tonka-Öl beigemischt werden.

In die Form einfüllen, gut festdrücken, mit einem Tuch abdecken und für 1 bis 2 Tage an einem kühlen Ort aushärten lassen. Aus den Formen nehmen.

Haltbarkeit: kühl und dunkel gelagert etwa 6 Monate

Orangen-Teelichter

So wird's gemacht:
Orangen in der Mitte aufschneiden und mit einem Esslöffel aushöhlen, sodass zwei Schalenhälften entstehen. Mit einem kleinen Keksausstecher in der einen Hälfte einen Stern oder ähnliches ausstanzen. In die andere Hälfte ein Teelicht einsetzen, schon ist das zauberhafte Orangenlicht fertig. Achtung: Das brennende Teelicht niemals unbeaufsichtigt lassen!

Orangen haben in den Wintermonaten bei uns Hochsaison. Gerade dann, wenn es draußen früh dunkel und kalt ist. Daher bietet es sich an, die Schale in stimmungsvolle Teelichter zu verwandeln. Mit einem kleinen Keksausstecher wird eine Öffnung gestanzt, sodass etwas Licht durchscheinen kann.

Man benötigt:
Orangen
Keksausstecher
Teelicht

Man benötigt:

- Schalen von 4 Bio-Orangen
- etwa 4–5 TL Salz
- Wasser
- 100 g Zucker

Orangeat/Aranzini

In Österreich nennt man Orangeat auch Aranzini: Darunter versteht man kandierte Schalen von Bitterorangen. Man kann zum Selbermachen aber genauso handelsübliche Orangen verwenden. Sie sind eine süßlich-herbe Zutat zum Backen. In der Weihnachtszeit entstehen so feine Stollen und Kuchen.

So wird's gemacht:
Die Orangenschalen mit heißem Wasser gut abwaschen, Schalen in kleine Würfel schneiden. Diese anschließend mit dem Salz in einen Topf geben. Mit Wasser auffüllen, sodass die Schalen damit gut bedeckt sind und etwa 10 Minuten kochen. Abseihen und kurz mit Wasser abspülen. Wieder in den Topf geben, Zucker hinzufügen und mit Wasser bedecken, zum Köcheln bringen. Temperatur etwas zurücknehmen und für etwa eine Stunde lang simmern lassen.
Das Wasser wird mit der Zeit zu einer Art Sirup eingekocht. Schalen abseihen und den Sirup auffangen. Dieser kann zum Süßen verwendet werden.
Die Schalen auf einen Teller legen und für einige Tage an einem warmen Ort, am besten neben der Heizung, trocknen lassen. Anschließend in Gläser füllen.

Haltbarkeit: etwa ein halbes Jahr

So wird's gemacht:
Salz im Wasser lösen, anschließend Zitronenschale und Minzblätter hinzufügen und in einem Mixer pürieren. Etwa 1 bis 2 Stunden ziehen lassen, danach durch einen Kaffeefilter abseihen.
In eine Flasche füllen und für die Stabilität noch 1 TL Salz extra hinzufügen.
Zum Spülen etwa 1 bis 2 TL des Mundwassers mit einem halben Glas Wasser verdünnen und damit gurgeln.
Haltbarkeit: etwa ein halbes Jahr

Zitronen-Minze-Mundwasser

Erfrischend und desinfizierend

Salz wirkt antibakteriell, desinfizierend und entzündungshemmend. Gerade zum Gurgeln als Mundwasser bewährt es sich und reduziert so Bakterien im Mundraum. Gemeinsam mit Zitrone und Minze sorgt es für einen frischen Atem.

Man benötigt:
❄ 100 ml Wasser
❄ 30 g Salz
❄ Schale 1 Bio-Zitrone
❄ Handvoll Minzblätter

Man benötigt:

- Schalen von Bio-Zitronen
- Ansatzkorn, 80 Vol.-%

Zitronenaroma

Sauer macht lustig

Die duftenden Schalen der Zitrusfrüchte können vielseitig verwendet werden: Vielen Gerichten geben sie eine frische und aromatische Note. Um diesen besonderen Geschmack zu konservieren, kann man sie in Alkohol einlegen. Tröpfchenweise gibt man dieses Aroma zu Kuchenteigen oder anderen Speisen.

So wird's gemacht:
Zitronen sehr gut unter heißem Wasser waschen und nur die äußere gelbe Schicht vorsichtig ablösen. In ein Glas füllen. Mit dem Alkohol aufgießen und für etwa 4 bis 6 Monate an einem hellen, aber nicht vollsonnigen Platz ziehen lassen. Anschließend abseihen und in Flaschen füllen.
Haltbarkeit: mehrere Jahre

So wird's gemacht:
Wasser erwärmen, aber nicht erhitzen, und das Natron darin auflösen, abkühlen lassen. Schale der Bio-Zitrone leicht zerkleinern und mit dem Wasser und dem Natron mixen. Etwa eine Stunde lang stehen lassen, danach durch einen Kaffeefilter abseihen. In Flaschen füllen.
Haltbarkeit: etwa 2 Monate

Frisch & fruchtig

Dieses Deo kommt mit wenigen Zutaten aus: Das darin verwendete Natron wirkt desodorierend, desinfizierend, geruchsneutralisierend und feuchtigkeitsbindend. Genauso die Zitrone, sie schenkt uns Frische und wirkt zusammenziehend, desodorierend und desinfizierend.

Man benötigt:

- 150 ml abgekochtes Wasser
- 2 TL Natron
- Schale 1 Bio-Zitrone

Exoten

Per Flugzeug oder Schiff kommen die exotischen Früchte und bringen uns ein Stück tropisches Feeling mit. Zu ihnen zählen beispielsweise Dattel, Feige, Granatapfel, Guave, Jackfrucht, Kaki, Kaktusfeige, Kiwano, Kokosnuss, Kumquat, Litschi, Maracuja, Passionsfrucht, Papaya, Physalis und Sternfrucht. Viele von ihnen kommen aus Ländern wie Costa Rica, Kolumbien oder Ecuador. Sehr bekannt sind Ananas, Bananen, Kiwis oder Mangos. Die Palette wird aber immer breiter, so sind Drachenfrucht oder Sapodilla (Breiapfel) keine Raritäten mehr.

Damit die Früchte den langen Transportweg gut überstehen, werden sie teilweise zum Schutz vor Wasserverlust oder Schimmelbefall mit Überzugsmitteln oder Konservierungsstoffen behandelt. Daher sollten sie vor dem Gebrauch immer gründlich mit heißem Wasser gewaschen werden.

Der Transport zu uns nach Europa ist, klimatechnisch gesehen, natürlich schädlich, da dabei Treibhausgase anfallen und die Umwelt belasten. Der Hauptanteil der Früchte zum Verzehr sollte daher aus heimischem Anbau stammen – aber hin und wieder kann man sich etwas Exotisches gönnen. Damit die gesamte Frucht genutzt werden kann, gibt es auch Tipps zur Verwendung von Kernen und Schale.

Man benötigt:

- 2 überreife Bananen
- 120 g weiche Butter
- 100 g Zucker
- 220 g Mehl
- 70 g geriebene Haselnüsse
- 125 g Creme fraîche
- 2 Eier
- 1 EL Backpulver
- Saft von 1 Zitrone
- Prise Salz
- 1 TL Zimt
- 1/2 TL Nelkenpulver
- 1 EL Vanillezucker
- Walnüsse zum Dekorieren
- 1 Banane zum Dekorieren
- Butter zum Einfetten
- Backform

Bananenbrot

Samtige Süße

Bananen wachsen auf einer vier bis fünf Meter hohen Staude. Der Fruchtstand der Banane wird auch Büschel genannt und kann schon mal 35 bis 50 kg wiegen. Die Früchte werden noch unreif geerntet, sodass sie bei uns erst ihre Süße erhalten. Am besten lagert man sie eher dunkel und kühl, bei etwa 12 °C. Sind sie doch mal braun geworden, kann man sie noch hervorragend für ein herrlich süßes Bananenbrot verwenden.

So wird's gemacht:

Den Ofen auf etwa 175 °C vorheizen und die Backform mit Butter einfetten. Die weiche Butter mit Zucker und Vanillezucker schaumig schlagen, nach und nach die Eier hinzugeben und weiter mixen.

Mehl, Backpulver, Haselnüsse und Gewürze vermischen. Reife Bananen in einer Schüssel mit einer Gabel zerdrücken, Creme fraîche und Zitronensaft hinzugeben.

Die trockenen Zutaten nach und nach zum Butter-Zucker-Gemisch hinzufügen. Zum Schluss die zerdrückten Bananen untermischen. In die Form füllen, mit einer aufgeschnittenen Banane und Walnüssen dekorieren. Das Bananenbrot etwa 60 Minuten bei 175 °C backen.

Haltbarkeit: innerhalb weniger Tage aufbrauchen

So wird's gemacht:
Bananenschale gut waschen und anschließend in Stücke schneiden. Gemeinsam mit dem Wasser in einen Topf geben und zum Kochen bringen. Einige Minuten köcheln lassen, anschließend vom Herd nehmen und zugedeckt etwa einen Tag ziehen lassen. Danach abseihen, mit Wasser etwa im Verhältnis 1:5 verdünnen und zum Gießen verwenden.
Haltbarkeit: innerhalb weniger Tage aufbrauchen

Dünger aus Bananenschalen

Das mögen Pflanzen gern

Bananen haben einen langen Weg hinter sich, bis sie zu uns kommen. Daher ist es sinnvoll, die gesamte Frucht, also auch die Schale, zu verwenden. Sie enthält beispielsweise Kalium, Magnesium oder Kalzium und ist somit ein guter Dünger für Zimmer- und Kübelpflanzen. Wichtig ist es, für den Dünger nur Bio-Bananen zu verwenden.

Man benötigt:

- 100 g Bio-Bananenschalen
- 1 l Wasser

Man benötigt:

- ❄ 500 g Ananasstücke
- ❄ 20 g Kokosraspeln
- ❄ 200 g Gelierzucker 2:1
- ❄ 1/2 Limette
- ❄ Schuss Rum

Piña-Colada-Marmelade

Sommerfeeling pur

Sommer, Sonne, Meer und Cocktails – die exotische Ananas lädt zum Träumen ein. Dabei wächst die interessante Frucht nicht auf Bäumen, sondern auf krautartigen Pflanzen in Bodennähe. Sie gehören zur Familie der Bromeliengewächse. Als Marmelade mit etwas Kokosraspeln lässt uns die Ananas bereits am Frühstückstisch an den nächsten Urlaub denken.

So wird's gemacht:

Ananas in Stücke schneiden und mit dem Gelierzucker und dem Saft der Limette in einen Topf geben. Für etwa 1 bis 2 Stunden ziehen lassen, sodass der Saft aus der Ananas läuft.

Anschließend alles fein pürieren und das Mus erhitzen, etwa 5 Minuten köcheln lassen. Kokosraspeln und den Schuss Rum hinzufügen und noch heiß in Gläser abfüllen.

Haltbarkeit: etwa ein halbes Jahr

So wird's gemacht:
Den oberen Teil der Ananas mit einem scharfen Messer abschneiden. Mit einem Ananasschneider oder mit Messer und Löffel das innere Fruchtfleisch herausarbeiten. Ein Glas in der passenden Größe in die Ananas stellen und mit Blumen dekorieren.

Vase aus Ananasschalen

Das Flair der Südsee

Die Ananas stammt ursprünglich aus den tropischen Gebieten Südamerikas. Heute wird die Frucht hauptsächlich in Costa Rica, Brasilien, Thailand und den Philippinen angebaut. Daher hat sie wie alle exotischen Früchte einen langen Weg hinter sich. Die Schale lässt sich als besondere, aber natürlich auch kurzlebige Vase verwenden. So zaubert sie auf unseren Tisch ein bisschen Südseefeeling.

Man benötigt:

- Ananas
- Messer, Löffel oder Ananasschneider
- Glas
- Blumen

Man benötigt:

- 5 Kiwis
- 80 g Zucker
- 80 g Butter
- 3 Eigelb
- 1 TL Stärke

Kiwi-Curd

Fruchtige Creme

Kiwis stammen ursprünglich aus dem Nordosten Chinas, dort wurden sie bereits vor über 1000 Jahren kultiviert. Bekannt ist der Anbau in Neuseeland, wo sogar ein Vogel nach der Frucht benannt wurde. Aber sie kann auch in unseren Breiten angebaut werden und braucht nur einen sonnigen und windgeschützten Platz.
Ein Curd ist eine Creme, die besonders in Großbritannien und Nordamerika bekannt ist. Dort wird hauptsächlich Lemon Curd aus Eiern, Zucker, Butter und Zitronen hergestellt. Mit der Kiwi schmeckt die Creme ebenso fantastisch und kann als Brotaufstrich, aber auch als Fülle oder Topping für Kuchen oder Torten verwendet werden.

So wird's gemacht:
Kiwis schälen und in Stücke schneiden. Im Mixer zu einem feinen Mus verarbeiten. Durch ein Sieb passieren, um die Kerne und grobe Stücke herauszufiltern.
Nun das Kiwi-Püree mit dem Zucker, der Stärke und den Eigelben in einen Topf geben. Gut verrühren und langsam erhitzen, bis das Püree langsam zu köcheln beginnt. Nun die Butter hinzugeben und rühren, bis die Masse langsam eindickt. Abkühlen lassen und in Gläser füllen.
Haltbarkeit: im Kühlschrank etwa 10 bis 14 Tage

So wird's gemacht:
Kiwi pürieren und mit dem Zucker und dem Sonnenblumenöl vermischen. In ein Glas abfüllen und in der Dusche auf die nasse Haut einmassieren. Anschließend mit warmem Wasser abwaschen.
Haltbarkeit: etwa 2 Wochen

Fruchtiges Kiwi-Peeling

Vitaminkick für die Haut

Für den Transport werden Kiwis noch unreif geerntet. Reife Kiwis erkennt man daran, dass trotz einer noch straffen Schale das Fruchtfleisch auf Druck leicht nachgibt. Da Kiwis das eiweißspaltende Enzym Actinidain enthalten, sollten sie nicht mit rohen Milchprodukten vermischt werden, da sonst ein bitterer Geschmack entstehen kann. Als Zutat für ein Peeling sorgen sie mit viel Vitamin C für eine rosige Haut.

Man benötigt:

- 50 g Kiwi-Fruchtfleisch oder Reste vom Kiwi-Curd (S. 236 f.)
- 50 g Zucker
- 30 g Sonnenblumenöl

Man benötigt:

- 1 EL pürierte Papaya
- 1 EL Rosenhydrolat
- 1 TL Honig
- 2 EL Aloe-vera-Gel

Papaya-Aloe-vera-Gelmaske

Für strahlende Gesichter

Papayas gehören zu den Melonenbaumgewächsen. Ihre Früchte zählen botanisch gesehen zu den Beeren. Große Früchte können bis zu 5 kg wiegen, bei uns im Handel sind aber eher kleinere Varianten zu finden. Ursprünglich kommen die besonderen Früchte von den Westindischen Inseln und den Küstenregionen Süd- und Mittelamerikas.

Die pflegende Gelmaske kombiniert das zarte Fruchtfleisch mit Rosenhydrolat, Honig und Aloe-vera-Gel. Sie versorgt die Haut mit viel Feuchtigkeit und lässt sie strahlen!

So wird's gemacht:

Papayapüree mit dem Rosenhydrolat vermischen. Honig und Aloe-vera-Gel ebenso hinzufügen und gut verrühren.

Die Maske auf das gereinigte Gesicht auftragen und etwa 15 Minuten einwirken lassen.

Anschließend mit warmem Wasser abwaschen.

Haltbarkeit: im Kühlschrank etwa eine Woche

So wird's gemacht:
Papaya schälen, Kerne entfernen und grob in Stücke schneiden. Alle Zutaten in einem Mixer fein pürieren. Das Joghurtgetränk noch für etwa eine Stunde in den Kühlschrank stellen und dann kalt servieren.
Haltbarkeit: sofort genießen

Papaya-Rosen-Lassi

Ein himmlisches Getränk

Lassi ist ein indisches Joghurtgetränk und man findet es in verschiedenen Varianten im asiatischen und osteuropäischen Raum. Mit Papaya, Ingwer und Rosenhydrolat wird es zu einem besonderen Genuss. Schon Kolumbus bezeichnete die Papaya als „Frucht der Engel“. Nicht nur ihr köstlicher Geschmack, sondern auch die Vitamine A, C, E und Betacarotine sorgen für eine gute Versorgung unseres Körpers.

Man benötigt:

- 1/2 Papaya
- kleines Stück Ingwer
- 2 EL Rosenhydrolat
- 100 g Wasser
- 350 g Joghurt
- 1 EL Honig

Man benötigt:

- Papayakerne
- Pfeffermühle

Papaya-Pfeffer

Exotische Würze

Papayas enthalten in der Mitte viele kleine Kerne, die man in der Küche als pfeffriges Gewürz verwenden kann. Sie enthalten das Enzym Papain, welches entzündungshemmend und verdauungsfördernd wirkt. Man kann sie wie Pfefferkörner in eine Mühle füllen und zum Würzen verwenden.

So wird's gemacht:
Die Kerne sind von einer weichen Hülle umgeben, die entfernt werden muss. Dafür muss man sie in Wasser ordentlich spülen und mit einem Tuch trockenrubbeln, sodass sich die restlichen Fruchtfleischreste lösen. Auf einen Teller legen und für mehrere Tage durchtrocknen lassen. Danach in eine Pfeffermühle füllen und zum Würzen verwenden.
Haltbarkeit: etwa ein halbes Jahr

Anhang

Glossar

Antioxidantien: chemische Verbindungen, die eine Oxidation, das ist die Reaktion mit Sauerstoff, verlangsamen oder verhindern; so reduziert Vitamin E bei vielen pflanzlichen Ölen die Oxidation beziehungsweise das Ranzigwerden.

Anthocyane: sekundäre Pflanzenstoffen, welche die Pflanze Blau, Rot oder Violett färben und eine positive Wirkung auf unsere Gesundheit haben.

Carotinoide: geben Pflanzen eine gelbliche bis orangene Färbung und sind fettlöslich. Sie zählen zu den sekundären Pflanzenstoffen.

Curd: ein Brotaufstrich, der hauptsächlich in England bekannt ist. Lemon Curd mit der frischen zitronigen Note ist dort sehr beliebt.

Duschgelbasis: Mischung aus verschiedenen Tensiden (waschaktive Substanzen), welche in der Naturkosmetik verwendet wird, um Duschgele einfach herzustellen.

Flavonoide: sekundäre Pflanzenstoffe, die sehr häufig vorkommen. Wir nehmen viele Flavonoide auch über unsere Nahrung auf. Ihnen wird eine antioxidative Wirkung zugeschrieben.

Freie Radikale: So bezeichnet man instabile Atome oder Moleküle. Sie besitzen ein ungepaartes Elektron oder auch mehrere, was sie einerseits instabil, aber auch sehr reaktionsfreudig macht.

Galaktolipide: sekundäre Pflanzenstoffe, die eine entzündungshemmende Wirkung aufweisen. Hohe Mengen sind in Hagebuttensamen enthalten.

Gelierprobe: gewährleistet die richtige Konsistenz in Marmeladen oder Gelees: Dafür gibt man nach dem Aufkochen einen Teelöffel des Produkts auf einen kalten Teller – hat es nach ein bis zwei Minuten die richtige Konsistenz, kann es in Gläser abgefüllt werden.

Glycerin: chemisch gesehen ein dreiwertiger Alkohol. Er entsteht als Nebenprodukt bei der Spaltung von pflanzlichen Fetten in Glycerin und Fettsäuren, was beispielsweise auch bei der Verseifung passiert. Glycerin kommt aber auch in der Haut vor und ist ein besonders hautverträglicher Stoff, sofern er nicht überdosiert wird.

Hydrolat: auch Pflanzen- oder Blütenwasser, entsteht als Nebenprodukt bei der Herstellung von ätherischen Ölen durch Wasserdampfdestillation. Durch den Dampf werden Pflanzeninhaltsstoffe extrahiert. Bei der Abkühlung im Destillationsprozess verwandelt sich der Dampf wieder in Wasser. Diese Pflanzenwasser enthalten alle wasserlöslichen Pflanzeninhaltsstoffe und sind ähnlich der Wirkung von ätherischen Ölen, allerdings milder

Lycopin: gehört zur Gruppe der Carotinoide und ist ein roter Farbstoff. Er kommt in Gemüse und Obst vor.

Mazerat, Mazeration: von lateinisch *macerare*, was so viel wie einweichen bedeutet; in der Pflanzenheilkunde der Vorgang, wenn Pflanzeninhaltsstoffe durch einen Kaltwasserauszug extrahiert werden. Wenn Pflanzenstoffe, wie bei Kräuteressigen zum Beispiel kalt angesetzt werden, spricht man von Mazeration. Wenn Pflanzenteile in Öl eingeweicht werden, um so die öllöslichen Stoffe zu extrahieren, spricht man oft von einem Ölmazerat oder Ölauszug.

Pektin: gehört zu den löslichen Ballaststoffen. Es fördert die nützlichen Darmbakterien und sorgt für eine gesunde Darmflora. Es kommt beispielsweise in Äpfel oder Birnen vor und wird auch zum Eindicken von Marmelade verwendet.

Polyphenole: gehören zu den sekundären Pflanzenstoffen und kommen in verschiedenen Pflanzen vor. Sie schützen vor freien Radikalen und hemmen Entzündungen.

Radikalfänger: Stoffe, die freie Radikale neutralisieren können.

Salicylsäure: Pflanzenwirkstoff, der eine schmerzstillende, entzündungshemmende und fiebersenkende Eigenschaft besitzt.

Sekundäre Pflanzenstoffe: chemische Verbindungen, die für die Pflanze primär nicht lebensnotwendig sind, aber eine große Rolle spielen, da sie vielfältige Aufgaben übernehmen, wie beispielswese die Abwehr von Fressfeinden.

Tensid: in der Kosmetik waschaktive Substanzen, die hauptsächlich in Duschgelen oder Haarshampoos verwendet werden.

Tinktur: in den meisten Fällen ein alkoholischer Auszug aus Pflanzenstoffen.

Xanthan: Gelbildner in der Kosmetik.

Xylith: auch Birkenzucker genannt, bekannt durch seine Wirkung gegen Karies.

Index

Index

T

V

W

X

Z

Literatur

Bayton, Ross, Maughan, Simon (2018): Pflanzenfamilien – Was jeder Gärtner wissen sollte. Bern: Haupt Verlag.

Bühring, Ursel, Bächle-Helde, Bernadette (2017): Heilkraft von Obst und Gemüse: Wirkungsvolle Inhaltsstoffe – vielseitiger Genuss. Stuttgart: Eugen Ulmer KG

Bühring, Ursel (2014, 4. Auflage): Praxis-Lehrbuch Heilpflanzenkunde: Grundlagen – Anwendungen – Therapie. Stuttgart: Karl F. Haug Verlag in MVS Medizinverlage.

Fischer-Rizzi, Susanne, (2016, 2. Auflage): Das große Buch der Pflanzenwässer: Pflegen, heilen, gesund bleiben mit Hydrolaten. Aarau und München: AT Verlag.

Hirsch, Siegried, Grünberger, Felix, (2014, 19. Auflage): Die Kräuter in meinem Garten. Linz: Freya Verlag.

Käser, Heike (2016, 5. Auflage): Naturkosmetik selber machen: Das Handbuch. Linz: Freya Verlag.

Käser, Heike (2015, 4. Auflage): Naturkosmetische Rohstoffe: Wirkung, Verarbeitung, kosmetischer Einsatz. Linz: Freya Verlag.

Metka, Markus (2018): Obst, Gemüse und Co. - WISSEN häppchenweise: Frühling und Sommer: Frühling & Sommer. Wien: Maudrich Verlag

Metka, Markus (2018) Obst, Gemüse und Co. - WISSEN häppchenweise: Herbst & Winter. Wien: Maudrich Verlag

Nedoma, G. (2014). Grüne Kosmetik: Bio-Pflege aus Küche und Garten. Linz: Freya Verlag.

Web-Links:

https://www.br.de/nachrichten/wissen/apfel-allergie-diese-aepfel-sind-fuer-allergiker-vertraeglich,R9B3XXz (11.12.2021)

https://www.bund-lemgo.de/apfelallergie.html (11.12.2021)

https://www.pflanzenforschung.de/de/pflanzenwissen/journal/aepfel-statt-tabletten-aepfel-koennen-cholesterinwerte-10185 (23.12.2021)

https://www.ndr.de/ratgeber/gesundheit/Warum-Brombeeren-so-gesund-sind,brombeeren112.html (28.12.2021)

https://www.apotheken-umschau.de/gesund-bleiben/ernaehrung/brombeere-beerenstarker-genuss-712399.html (28.12.2021)

https://de.wikipedia.org/wiki/Erdbeeren (8.01.2022)

https://de.wikipedia.org/wiki/Rangkrone (9.01.2022)

https://www.gesundheit.gv.at/leben/ernaehrung/saisonkalender/erdbeeren (9.01.2022)

https://www.nabu.de/tiere-und-pflanzen/pflanzen/pflanzenportraets/nutzpflanzen/16000.html (13.01.2022)

https://arzneipflanzenlexikon.info/rose.php (18.01.2022)

https://de.wikipedia.org/wiki/Frucht (18.4.2022)

https://de.wikipedia.org/wiki/Obst (18.4.2022)

https://de.wikipedia.org/wiki/Galactolipide (19.4.2022)

Shutterstock.com: Africa Studio 46, 134, 189; Aleksandr Stennikov 148; Alf R 161; AlinaMD 12, 14, 16; AmyLv 122, 141, 152; Anest 58; anitasstudio 203; Anna-Nas 177; Antonov Roman 6, 14, 16, 18, 20, 22, 26, 30, 34, 37 f, 41 f, 45 f, 48, 61 f, 51 f, 55, 57 f, 65 f, 69 f, 73 f, 77 f, 81 f, 85 f, 89, 90, 93, 95, 97, 99, 100, 103 f, 107 f, 111 f, 115, 117 f, 121 f, 125 f, 129 f, 132, 135, 137 f,141 f, 145 f, 149, 151 f, 155 f, 158, 160, 163 f, 167 f, 171, 173 f, 176, 180, 183 f, 187, 188, 190, 193 f, 197 f, 200, 202, 205 f, 209 f, 212, 215 f, 219 f, 223 f, 226, 229 f, 233 f, 237 f, 242, 245; art nick 130; Asya Nurullina 41; AtlasStudio 159; B Calkins 230; BONDART PHOTOGRAPHY 59; casanisa 11; 246; Chansom Pantip 226; de2marco 119; Dionisvera 85; Dunhill 194; ER_09 146; Erkki Makkonen 45; Food Impressions 96; GSDesign 137; Hue Ta 234; Iryna Denysova 210; Iurii Kachkovskyi 212; JIANG HONGYAN 21, 47; Kovalchuk Oleksandr 132; KPixMining 56; Krasula 191; Ksenia Ragozina 227; Maks Narodenko 201; mapman 147; Miiisha 188; Nataly Studio 5 ff; Natasha Breen 175; Nattika 129; NDanko 133; New Africa 233; NinaM 82; Oleksandr Lytvynenko 220; Olexandr Panchenko 174; Oqbas 73; P Maxwell Photography 34; Peter Kotoff 238; phive 223; Picture Partners 61; PixaHub 30; PIXbank CZ 198; Potapov Alexander 116; pukao 86, 242, 245; Quang Ho 20; Roman_studio 94; Romariolen 71; Rtstudio 37; Sergey Chipsjpg 22; Sergio99 42; Simic Vojislav 200; Sofiaworld 66; spline_x 62; sripfoto 211; Stone36 158; symbiot 49; Tanya_mtv 171; Valentina Razumova 68; Valentyn Volkov 213; vandycan 151; xpixel 93

Maria Binder: 260
Alle anderen Fotos stammen von Doris Kern.

Informationen & Bezugsquellen

Haftungsausschluss

Alle Pflanzenbeschreibungen, Rezepte und Anleitungen wurden nach bestem Gewissen und mit größtmöglicher Sorgfalt erstellt. Trotzdem kann keine Garantie für die Richtigkeit der Angaben übernommen werden. Eine juristische Haftung ist ausgeschlossen. Des Weiteren wird keine Haftung für fehlerhafte Zubereitung und Anwendung, auch nicht für Gesundheitsschäden durch allergische Reaktionen übernommen. Rezepte und Anleitungen in diesem Buch bieten keinen Ersatz für eine medizinische Behandlung. Bei Beschwerden oder Problemen wende Dich im Bedarfsfall bitte umgehend an Deine Ärztin oder Deinen Arzt.

Weiterführende Infos

Auf meinem Blog **www.mitliebegemacht.at** findest Du viele weitere Informationen und Rezepten zu Kräutern, Hausmitteln und Naturkosmetik.

Onlineshops für die Inhaltsstoffe

Österreich

Aromapflege: www.aromapflege.com
Feeling: www.feeling.at
Kräuter und Geist:www.kraeuterundgeist.at
Naturkosmetik-Werkstatt:
www.naturkosmetik-werkstatt.at

Deutschland

Alexmo Cosmetics: www.alexmo-cosmetics.de
Dragonspice: www.dragonspice.de
Spinnrad: www.spinnrad.de

Schweiz

Feeling: www.feeling-schweiz.ch
Spinnrad: www.spinnrad.ch

Verpackungen

Etivera: www.etivera.com
Rosa Heinz: www.rosa-heinz.de

Feinwaage

Zum Abwiegen von Inhaltsstoffen ist eine genaue Waage sehr wichtig – sie sollte bis zum Hundertstel Gramm genau sein. Erhältlich im Fachhandel.

Dank

Bis ein Buch fertig gestellt ist, bedarf es vieler Stunden kreativen Ausprobierens, Recherchierens und vieler Begegnungen. Es ist immer wieder eine Reise, zu der man sich aufmacht und am Ende mit einem gebundenen Werk in den Händen belohnt wird. Ohne die Hilfe lieber Menschen wäre dies nicht möglich, sie verdienen ein besonderes Dankeschön.

Ohne Dich, lieber Erich, wäre auch dieses Werk nicht möglich gewesen. Deine großartige Hilfe und Unterstützung lassen mich frei und kreativ arbeiten. Ich danke Dir von Herzen, dass Du mir den Rücken freihältst, damit ich meinen Traum verwirklichen kann.

Meine liebe Emma – schon als Du noch bei mir im Bauch warst, warst Du umgeben von vielen frechen Früchtchen. Viele der Rezepte haben wir so bereits gemeinsam ausprobiert. Und später hast du selig neben mir geschlafen, als ich diese Zeilen verfasst habe. Danke, dass Du da bist und uns mit Deinem Wesen verzauberst.
Ein Dank gilt auch meiner Mama und meinem Papa. Aus ihrem wunderschönen großen Garten durfte ich viele der leckeren Früchte ernten und zu besonderen Rezepten verarbeiten.
Seit 2019 darf ich jedes Jahr ein wunderschönes Buch gemeinsam mit dem Verlag Anton Pustet veröffentlichen. Vielen lieben Dank für das Vertrauen und die tolle Zusammenarbeit an

MMag. Gerald Klonner! Wie immer war es ein Leichtes, mit Dir, liebe Mag. Beatrix Binder, zusammenzuarbeiten. Du verleihst meinen Texten den richtigen Feinschliff, stellst immer die richtigen Fragen und schaffst eine Harmonie zwischen meinen Worten und Gedanken.
Liebe DI (FH) Tanja Kühnel, Du schaffst es immer wieder, meine Texte mit den Bildern so in Szene zu setzen, dass es einfach perfekt ist. Ich danke Dir vielmals, dass Du so viel Zeit und Mühe investierst, und es immer eine Freude ist, jede Seite im Buch zu entdecken! So blättere ich in jedem der gemeinsam erarbeiteten Bücher mit großer Freude.
Ein herzliches Dankeschön möchte ich auch den lieben Mitarbeiterinnen des Büros Dr. Barbara Brunner sagen, da sie eine hervorragende Pressearbeit leisten.
Und ohne meine wunderbaren und großartigen Leserinnen und Lesern meines Blogs und meiner Social Media Accounts würde ich heute nicht dasitzen und die letzten Zeilen dieses Buchs schreiben. Große Dankbarkeit umgibt mich, wenn ich auf die gemeinsame Reise schaue und Ihr mich mit Euren lieben Kommentaren und Nachrichten unterstützt. Ich danke Euch vielmals!
Vielen Dank an alle, die in der Zeit des Schreibens für mich da waren und mich unterstützt haben!

Alles Liebe, Doris

Doris Kern

Geboren 1983 in Linz, studierte an der FH Hagenberg Informatik und arbeitet heute als Projektmanagerin in der IT-Branche. Den Ausgleich zur Technik findet die Mutter einer kleinen Tochter in der Natur: Kräuter, alte Hausmittel und Naturkosmetik stehen im Fokus ihrer Leidenschaft.
In zahlreichen Ausbildungen, darunter TEH® Praktiker, TEH® Naturapotheke, Frauenheilkunde, Hildegard von Bingen, Apitherapie oder im Lehrgang zum Kosmetikhersteller vertiefte sie ihr Wissen und gibt es in Kursen weiter. In ihrem Blog „Mit Liebe gemacht" veröffentlicht sie Rezepte und Anleitungen rund um das Thema Natur.

www.mitliebegemacht.at

Mehr Natur im Verlag Anton Pustet

Inge Waltl
wild & köstlich
Feine Gerichte aus der Wildpflanzenküche
168 Seiten, durchgehend farbig bebildert
21 x 21 cm, Hardcover
ISBN 978-3-7025-0672-8
EUR 22,–

Inge Waltl
wild & unwiderstehlich
Neue Köstlichkeiten aus der Wildpflanzenküche
240 Seiten, durchgehend farbig bebildert
21 x 21 cm, Hardcover
ISBN 978-3-7025-0863-0
EUR 22,–

Walter Mooslechner

G'sund und guat

Früchte und Kräuter aus Wald und Flur

160 Seiten, durchgehend farbig bebildert

17 x 24 cm, Hardcover

ISBN 978-3-7025-0646-9

EUR 24,–

Eva Gruber

Zeit am Fluss

Landart mit Natur und Licht

208 Seiten, durchgehend farbig bebildert

24 x 17 cm, Hardcover

ISBN 978-3-7025-0899-9

EUR 29,–